이 세상 거의 모든 갈등의 원인과 해법

직에서의 갈등 / 대인관계의 갈등 / 내면의 갈등 / 가정에서의 갈등 / 남녀의 갈등

갈등

갈 등

초판 1쇄 발행 2021년 12월 15일

지 은 이 김태흥
발 행 인 권선복
편　　집 오동희
디 자 인 박현민
전 자 책 오지영
발 행 처 도서출판 행복에너지
출판등록 제315-2013-000001호
주　　소 (07679) 서울특별시 강서구 화곡로 232
전　　화 010-3267-6277
팩　　스 0303-0799-1560
홈페이지 www.happybook.or.kr
이 메 일 ksbdata@daum.net

값 16,000원
ISBN 979-11-5602-950-2 03180

차례_

의견충돌

분리

멘탈이 깨질 때

거짓말

분노조절장애

트라우마

질투

남녀갈등

씨월드 갈등

다이어트 갈등

추천사

"갈등/이 세상 거의 모든 갈등의 원인과 해법" 책 발행을 축하합니다.

현대 사회는 물질적으로는 풍요로워졌지만 정신적으로는 더욱 피폐해져 가고 있는지도 모릅니다. 그것이 직장과 조직에서의 갈등, 대인관계의 갈등, 또 개개인의 내면에서의 갈등이라는 형태로 표출되고 증폭되며 여러가지 형태로 문제를 발생시키고 있습니다. 경제적으로 성공했으나 불행한 사회, 분노사회로 가고 있지는 않은지 걱정스러운 이 시점에 갈등이란 문제를 심도 있게 다루고 그 해결책까지 제시하는 이 책은 리더들에게는 진정한 내면의 리더십을 발휘할 수 있는 깊이 있는 내용을 다루고 있어 다른 리더십책과는 그 결을 달리하여 많은 도움을 줄 것으로 확신합니다. 직장과 가정 그리고 남녀관계에서의 갈등 등 거의 모든 인간관계의 문제를 본능이라는 관점에서 새롭게 해석해 내고 그 원인과 해법을 다루고 있어 많은 사람들에게 큰 깨달음과 새로운 지혜를 주는 책이어서 진심으로 추천합니다.

한때 경영의 신이라 불리며 승승장구했던 잭 웰치의 경영방식도 갈등 관리의 결핍으로 빛을 잃고 말았습니다. 마이크로소프트사 등 여러 기업이 성과 창출을 강조하는 잭 웰치의 경영방식을 도입했다가 사내 갈등 증폭으로 실패하고 말았는데 초격차시대인 4차산업혁명시대인 요즘 그 중요성이 더 커지고 있는 협업도 갈등 관리가 제대로 되지 않는 국면에서는 성과를 내기 어렵습니다. 여러 기업들의 리더십의 문제가 어떻게 위기로 귀결되고 갈등으로 이어졌는지 다루는 장에서는 간담이 서늘해지며 대한 민국의 모든 CEO들이 반드시 읽어야 하는 필독서라는 생각이 들었습니다. 또한 나와 남을 근본적으로 이해하며 갈등의 문제에 대한 삶의 지혜를 건져 올릴 수 있는 다양한 지식을 통섭한 책이라 할 수 있습니다.

OECD자살률 1위라는 불명예는 바로 이런 갈등의 문제가 사회 구조적인 문제와 맞물려 서로 상승작용을 일으키고 있는 것은 아닌지 우리 사회를 뒤돌아보아야 할 이 시점에 이 세상 거의 모든 갈등의 원인과 해법이란 부제로 발간된 책 『갈등』은 우리 사회에 한줄기 희망이 될 것이라 믿어 의심치 않습니다.

김태흥 감정노동연구소장은 제가 중앙공무원교육원 원장 시절에 페이스북으로 처음 만나 인연을 맺었습니다. 감정노동의 문제를 심각하게 생각하는 와중에 국내 최초로 감정노동을 강의하며 교육을 하고 있는 것을 알고 직접 강의도 부탁하며 지금까지의 인연을 이어오고 있습니다. 오랫동안 감정노동을 파고들어온 저자가 이제 진화 심리학과 뇌과학을 기반으로 "본능대학"이라는 새로운 브랜드로 인간의 생각과 행동의 뿌리를 밝히며 강의와 서적으로 왕성한 활동을 펼치는데 응원을 보냅니다.

인간을 제대로 이해하고 특히 자기자신을 제대로 아는 것은 복잡한 세상을 살아가는 데 가장 중요한 지혜라고 할 수 있습니다. 본서는 나를 알고 타인을 알고 세상을 알고 근본적인 지식과 지혜를 갈구하는 현대인이라면 꼭 읽어 보아야 할 소중한 책입니다.

윤은기
한국협업진흥협회 회장. 전 중앙공무원교육원장

머리말

살다 보면 이러다 미쳐버리겠다는 때가 가끔씩은 있다. 직장에서 또는 인간관계에서 고통을 당할 때가 그렇다. 귀인을 만나지는 못할지언정 악인을 만날 때도 있고 또는 서로의 입장 차이나 이해관계 때문에 돌아오지 못할 다리를 건널 때도 있다. 직장에서 말도 안 되는 일을 강요받거나 아랫사람을 무시하고 하찮은 물건 취급을 하는 상사, 자기주장만 하며 남의 말에 귀를 막는 사람들을 보면서 마음의 병이 깊어지기도 한다. 그것이 개인 간의 문제로 끝나는 게 아니라 조직과 직장 전체가 병들고 심지어 기업이 위기에 처하기도 한다.

이 책은 조직에서 또는 대인관계에서의 갈등을 심도 있게 다루며 그 대안과 대책까지 모색하는 기회를 제공한다. 또한 갈등과 의견충돌이 일어나는 근본적이 원인을 뇌과학과 진화생물학 등을 바탕으로 심도 있게 분석하면서 인간의 내면세계를 여행한다. 고통받는 개인에게는 원인분석과 대안과 위안을 제시하며 리더에게는 인간의 본성을 바탕으로 한 진정한 리더십을 발휘할 기회를 제공하고 기업과 조직은 더 큰 도약을 위해 진정한 조직 문화를 인간의 본성이라는 관점에서 분석하였다. 실제로 위기에 처한 기업들의 사례에서 기업의 잘못된 선택은 어디에서 시작되었는지 그리고 갈등은 어떻게 퍼져 나가는지 생생하게 분석하며 원인을 파헤친다.

거짓말을 밥 먹듯이 하는 사람들, 타인의 인격을 말살하고 무시하는 사람들, 오직 내 주장만 하며 타인의 의견을 무시하는 사람들, 질투에 눈이 멀어 일을 그르치는 사람들, 분노조절장애로 모두의 기피대상이 되는 사람들, 모두 우리 주변에서 흔히 마주칠 수 있는 유형의 사람들이며 조직을 효과적으로 무너뜨리는 사람들이기도 하다, 이런 많은 경우를 유형별로 심도 있게 파헤쳤으며 누구나 쉽게 이해할 수 있도록 쉽지만 깊이가 있는 내용으로 구성한 마음 여행을 하는 책이다.

MZ세대라고 불리는 요즘 세대는 IT기기와 첨단기술은 자유자재로 다루지만 정작 자신의 내면에 있는 마음은 잘 다루지 못하는 경우가 많다. 또한 세대를 넘어서 분노조절 장애가 급증하고 이기적이며 공감능력이 떨어지고 있다. 젊은 꼰대가 속출하고 있으며 사회적 관계능력이 떨어져 대인관계도 미숙하고 연애도 서툴고 은둔형 외톨이도 속출한다. 어렵게 결혼해서 가정을 이루어도 부부관계는 삐걱거리고 자녀교육도 엉망진창이 된다. 심지어 트라우마에 시달리고 대인관계마저 무너지고 사회부적응자가 되기도 한다.

또한 기성세대는 첨단 기기를 잘 못 다루고 오히려 MZ세대에게 배워야 하는 신세로 전락했다. 농경 시대와 제조업 산업 사회에서는 언제나 경험과 나이 많은 사람이 아랫사람을 가르치는 시대였다.

그러나 IT 시대가 도래하고 4차 산업 혁명 시대가 되면서 이제는 윗사람이 아랫사람에게 배우는 시대가 되었다. 선생님이 학생에게 배우고 부모님이 자식에게 배우고 상사가 직원에게 배우는 시대다. 모든 게 바뀌었다. 과거의 리더십은 무용지물이 되기 일쑤고 새로운 가치관과 환경이 세상을 지배하는 시대에 기존의 가치관과 기성세대는 한물간 퇴물이 되기도 한다.

이 책은 이런 모든 세대를 아우르는 거의 모든 갈등의 분석서이며 치유와 위안을 제공한다. 이 책을 통해 인간적으로 성숙하고 더 크게 도약하는 기회가 되기를 소망한다.

꼰대는 기업을 망친다

꼰대는 기업을 망친다

역사상 가장 똑똑한 세대가 나타났다. MZ세대라고 불리어지는 2030 젊은이들이 바로 그들이다. 그들은 태어나서 기어다닐 때부터 스마트폰을 가지고 놀았고 컴퓨터를 생활의 도구로 사용해 온 세대다. 컴퓨터를 업무용으로 사용하던 기성세대와는 차이가 날 수밖에 없다. 정보나 데이터를 검색하고 활용하는 능력이 뛰어나고 업무처리 속도가 매우 빠르다. 빠른 자가 느린 자를 이기는 '속도의 경제' 시대에서 기성세대와는 비교할 수 없는 경쟁력이 있다. 생각의 범위도 넓다. 기성세대가 국가단위인 데 비해 신세대들은 글로벌 차원으로 보고 생각한다. 따라서 곳곳에서 초역전현상이 발생하고 있다.

후배가 선배보다 똑똑하고 자식이 부모보다 똑똑하고 학생이 교수보다 똑똑하다. 공무원이 장관보다 똑똑하고 국민이 대통령보다 똑똑한 세상이 되었다. 우리나라만 그런 게 아니고 전 세계적 현상이다. 실제로 어지간한 기업에서 일은 2030신세대들이 다한다. 관리자와 임원들은 이들이 보고한 것을 손봐서 조직의 장에게 올린다. 대부분의 일은 신세대가 다하는데 연봉은 윗사람들이 훨씬 많다. 신세대들은 이를 불공정하다고 여긴다. 신세대 젊은이의 의욕을 꺾고 화를 돋우는 것은 꼰대질이다. 꼰대질이란 직장상사나 나이 많은 사람이 부하직원들에게 구태의연한 방식을 강요하는 것이다.

신세대들은 꼰대질에 강력하게 저항하고 이는 직장문제를 떠나 사회문제로까지 확산되었다. 꼰대를 영어로는 'ggondae'라고 쓴다. 부정적 한류인 것이다. 한국에서는 꼰대질하는 상사들이 신세대 젊은이들의 강력한 저항을 받고 있다고 외신에 보도되면서 알려진 단어다. 지금 기업에서는 MZ세대의 역량을 인정하고 이들에게 더 많은 재량권을 주고 있다. 이들이 마음껏 일할 수 있어야 조직이 발전한다. 나이든 관리자들에게는 신지식, 신기술을 배우도록 하고 있다. 지금 열심히 공부해야 할 사람은 신세대가 아니고 기성세대다. 기업은 꼰대문화를 청산하고 새로운 문화를 만드는 데 매진하고 있다. 기업의 사활이 걸린 문제이기 때문이다.

–(윤은기 백강포럼 회장님 글 중에서 옮김)

젊은 꼰대의 출현

꼰대의 어원에 대해서는 두 가지의 설이 있는데 첫 번째는 번데기의 영남 사투리인 '꼰데기'가 어원이라는 설이다. 번데기처럼 주름이 자글자글한 늙은이라는 의미에서 '꼰데기'라고 부르다 '꼰대'가 되었다는 설명이다. 두 번째는 프랑스어 백작인 콩테(Comte)에서 왔다는 설이다. 일제강점기 당시 을사오적으로 유명한 이완용 등 친일파들은 백작, 자작과 같은 작위를 수여받으면서 일본식 발음 '꼰대'라 불렀는데, 즉, '이완용 꼰대'라고 부른 것에서 꼰대라는 말이 시작됐고, 친일파들이 보여준 매국노와 같은 행태를 '꼰대짓'이라는 데서 기원했다는 설이다. 그러다가 서울에서 나이 많은 남자를 가리키는 은어로 쓰기 시작하다가 1960년대부터 1980년대까지는 주로 남자 학생이나 청소년들이 또래 집단 내에서 아버지나 교사 등 남자 어른을 가리키는 은어로 사용되었다. 그러다 이들이 사회 진출을 하면서 대중적인 용어로 확산되었다. 그러던 것이 기성세대를 전체를 지칭하는 용어로 사용되더니 이제는 직장에서 대학에서 자신보다 몇 살만 많아도 꼰대라고 불린다. 이른 바 젊은 꼰대의 출현이다.

나이를 불문하고 꼰대질이라 불리는 꼰대의 특징은 다음과 같다. 우선 '본인이 맞다'는 진심과 확신에 가득 차 있다. 나이 먹은 꼰대는 라떼로 통칭되는 "나 때는 말이야" 하면서 옛날이야기로 아랫사람에게 과거의 향수 어린 이야기로 꼰대 짓을 하는 데 반해 젊은 꼰대는 자신의 믿음은 진심과 진실이라는 것을 확신에 차서 강요하는 꼰대 짓을 한다. 정치, 경제, 계급, 성별을 가리지 않는다. 즉 지금의 꼰대는 남보다 우월하다는 심리적 확신이 가득 찬 사람이다. 이런 꼰대를 만나면 자연스럽게 대화는 줄어들고 갈등은 커진다. 그런데 그런 확신은 도대체 어디에서 올까?

아마도 나이갈등 / 존댓말 / 서열중독 / 확증편향 이런 것들이 그 원인 중에 하나가 아닐까?

나이갈등

서울의 탑골공원에서 70넘은 노인 둘이 싸우는 것을 목격한 일이 있다. 그런데 싸우는 내용이 실소를 금치 못했다. "대가리에 피도 안 마른 놈이!"

대한민국은 전세계에서 나이 서열이 가장 발달된 나라이다. 그래서 세계에서 유일하게 나이를 속이고 뻥튀기하는 나라가 아닌가 한다. 찬물에도 위아래가 있는 유일한 나라이고 70이 넘어도 대가리에 피가 마르지 않는 유일한 나라이다. 심지어 담배에도 서열이 있다.

미국도 일본도 중국도 담배는 위아래 상관없이 피운다. 심지어 미성년자 자녀와도 맞담배를 핀다. 다만 건강 때문에 금연을 권고하고 판매를 금지할 뿐이다. 그러나 우리나라에서 아랫사람이 허락도 없이 담배를 뻐끔뻐끔 피고 있다면 아주 버릇없는 놈으로 찍힌다.

그리고 나이가 위에 있으면 바로 서열이 성립된다. 윗사람은 자신의 경험과 지식을 바탕으로 아랫사람을 통제하려고 한다. 담배의 서열도 찬물의 서열도 나이에서 유래한다. 그런데 나아가 서열을 더 욱더 강화시키고 갈등을 고착시키는 게 있다. 그것은 존댓말과 반말이다.

존댓말과 반말

여러 국가에 존댓말이 있지만 대한민국의 존댓말이 제일 복잡하고 발달되었다 한다. 더군다나 우리나라는 나이 서열이 정해지면 존댓말과 반말이 정해진다. 형, 선배님 등등의 호칭과 함께. 그리고 반말을 하는 윗사람은 자신의 경험과 지식을 강요하기도 한다. 존댓말을 쓰는 아랫사람은 윗사람의 견해에 대해 무시하거나 반대되는 의견을 밝히지 않는 것이 미덕이 돼 버린다. 여기서 꼰대가 발생한다. 이중언어 가족이라고 있다. 영어와 한국어를 같은 모국어로 사용하는 가족을 말한다. 그런데 재미있는 것은 아이를 혼낼 때 영어로 혼내지 않고 우리말로 혼내는 가족이 많다고 한다.

영어 같은 존댓말 반말이 없는 언어로 혼내면 아이가 자기의 의견을 당당히 밝히기 때문에 어른의 권위가 서지 않는다고 한다. 그러나 한국말로 혼낼 때는 아이가 반론을 제기하지 못하는 경우가 많다고 한다. 우리말은 서열 언어이기 때문이다. 아이가 당당하게 자기 의견을 밝히는 순간 "어른이 말씀하시는 데 어디 토를 달아!" 이런 뉘앙스가 분명히 있다.

영어에도 존대의 표현이 있지만 서열 언어로 보기는 힘들다. 그러나 우리가 오해하고 있는 것이 있다. 유럽 계통의 언어는 반말이 아니라는 것이다. 오히려 일상적으로 사용하는 언어는 존중어에 가깝다. 즉 'you'는 '너' 라기 보다는 존중의 의미를 담은 '당신'이라고 보는 것이 타당하다. (비정상 회담의 타일러 의견) 그러므로 처음 보는 사람이나 교수님이나 직장 상사에게도 편하게 you를 사용할 수 있는 것이다. 최근에 미국의 바이든 대통령이 뺨에 무엇인가가 묻어서 보좌관이 급히 대통령에게 쪽지를 전달했는데 이것이 언론에 공개되었다. "Sir, there is something on your chin." 대통령에게도 you를 사용할 수 있을 정도로 존중의 의미가 있는 것이다. 그러니 아이들에게 you라는 단어를 쓰면서 혼을 낸다는 것이 얼마나 비효율적인지 짐작할 수 있다. 그런데 나이 서열, 직급 서열에 존댓말 반말이 뒤섞인 현상은 직장에서 여러 가지 문제를 야기시킨다.

먼저 꼰대 문화의 강화이다. 꼰대는 반말을 하고 아랫사람은 존댓말을 하는 순간 브레인스토밍, 퍼실리테이션 같은 회의 기법은 무용지물이 되어 버린다. 그런데 나이 서열과 직장의 직급서열이 뒤집혀 있는 경우가 있다. 대기업도 공무원도 여러 조직에서 이 문제는 심각하다. 대리나 주임은 20대 후반인데 신입 사원이 30대 이상이면 문제가 심각해진다. 말 한마디 한마디가 조심스럽다. 나이 어린 상사가 반말로 형뻘이나 오빠뻘 되는 사원에게 반말로 하대하며 업무 지시를 하는 경우를 드라마에서 종종 본다. 존대를 하더라도 반말투의 형식적인 말투가 일상적일 수가 있다. 이럴 때 나이 많은 아랫사람은 나이서열의 트라우마를 안고 살아간다. 이 문제를 해결하기 위해 전 직원이 반말로 대화하는 회사가 있다고 언론을 장식하기도 하였다. 스타트업 회사를 중심으로 실험이 되고 있는데 나는 반드시 실패한다고 본다. 미국 회사의 자유로운 분위기가 영어로 이야기하는 것을 서로 반말을 하는 걸로 착각하고 그런 선택을 한 것 같은데 그것은 오해에 가깝다. 그들은 서로 존중어를 사용하고 있었던 것이다! 아랫사람이 윗사람에게 반말을 사용하는 것은 우리나라뿐 아니라 외국도 정서상 받아들이기 어려울 것이다. 차라리 반말 사용을 금지하고 모든 구성원이 존중어와 존댓말을 사용하는 것이 유럽 언어의 평등 정신에 가깝다.

서열중독

서열의 우위에 서면 서열중독이 일어난다. 아랫사람을 통제하고 간섭하는 것을 본인의 일로 착각한다. 그것은 동물의 세계에서 본능적으로 일어나는 일이다. 그런데 현대의 리더십은 그 반대를 이야기하고 있다. 아랫사람에게 자율성을 주고 간섭을 최소화하는 것이 신명나는 일자리를 만들고 오히려 아랫사람의 충성을 불러일으킨다고 한다. 그런데 이상하게도 그런 교육 프로그램이 차고 넘치는데도 아랫사람을 힘으로 통제하고 간섭하는 꼰대는 계속 양산된다. 그 이유를 알아야 교육 프로그램이 근본적으로 바뀔 수 있다. 그 이유는 서열의 우위에 서면 뇌 속의 호르몬이 바뀌기 때문이다. 남을 지배하고 통제하면 도파민이라는 호르몬이 나온다. 쾌락의 호르몬이다.

마약 중독도 도박 중독도 심지어 섹스 중독도 도파민 때문에 일어난다. 인간을 포함한 포유류는 도파민을 획득하기 위해서 살고 있는지도 모른다는 것이 뇌과학자들의 이야기다. 도파민에 중독되면 냉혹한 인간으로 바뀌는 경우가 많다. 타인의 아픔과 고통을 공감하지 못하는 후천적인 소시오패스로 변할 수도 있다는 것이다. 즉 꼰대 중에서도 잔혹한 리더로 바뀌는 것이다. 아랫사람에게 상처 주는 이야기를 일상처럼 하고도 그것이 왜 상처가 되는지 이해하지 못한다. 그리고 아랫사람을 철저히 도구로만 이용하고 독선과 아집으로 팀워크를 망친다. 그래서 그 조직은 유능한 사람은 모두 떠나고 예스맨만 남아서 서서히 조직이 붕괴된다.

선비는 자기를 알아주는 사람을 위해 목숨을 바친다(士爲知己者死)라는 말이 있다. 많은 이들이 사랑하는 말이고 삼국지에도 언급되는 말이고 참 인용이 많이 되는 문구이다. 사마천의 사기, 자객열전에서 나오는 말인데 예양이란 사람이 자신을 인정해주는 군주의 복수를 위해 목숨까지 바치는 이야기에서 유래한다. 과거나 지금이나 용맹무쌍한 장수나 평범한 직장인이나 인정받는데 목말라하고 있는지도 모른다. 그러나 서열의 우위에 있는 리더는 그렇게 호락호락 아랫사람을 인정하지 않는다. 오히려 의심하고 통제하고 간섭하는 리더가 훨씬 많다. 바로 서열중독이 된 것이다.

그래서 역설적으로 많은 사람들이 자신을 인정해 주는 군주를 애타게 찾는지도 모른다. 조직에서 회사에서 많은 리더들이 서열중독이 되어 꼰대가 되어있는지 아니면 그 서열을 역이용해 부하들을 인정해 주고 자율성을 주면서 진정으로 부하의 능력을 최대한 끌어내고 자발적인 충성을 이끌어 내고 있는시 되새겨 볼 일이다.

확증편향

"내가 해봐서 아는데" "이건 이렇게 될 거야"

꼰대들이 하는 전형적인 멘트이다. 자신의 과거의 경험을 토대로 아랫사람에게 강요하는 것이다. 과거의 경험에서 벗어나지 못하는 사람은 하던 대로 그저 익숙한 것이 좋은 것이고 새로운 시도를 귀찮아한다. 그리고 그것이 가치 기준이 되어 버린다. 전형적인 확증편향이다. 그런데 이 확증편향은 나이에 상관없이 일어난다.

특히 다양한 관점의 정보를 접하지 못하고 한쪽 편에 편향된 정보에만 노출되면 아주 쉽게 젊은 꼰대가 된다. 유튜브 같은 인터넷 알고리즘이 이런 꼰대를 양산하고 있는지도 모른다. 빅데이터 알고리즘은 내가 좋아할 법한 정보만 보여주고 반대 관점의 정보는 거의 보여주질 않는다. 보수적인 동영상을 보는 사람에게는 진보성향의 동영상이 추천되지 않고 진보 쪽의 사람에게는 역시 보수 쪽의 정보를 접하기 어려워진다. 그리고 자신만이 옳다는 확증 편향에 빠지고 극단적인 진영논리가 확대되는 것이다. 우연히 지구가 둥글지 않고 평평하다는 동영상이 있길래 본 적이 있는데 그 뒤에 계속 그런 동영상이 추천되어 보게 되었는데 과학적 지식이 깊지 않은 사람은 지구는 평평하다는 확증 편향에 쉽게 빠지는 결과를 초래할 것 같았다.

실제로 지구가 평평하다고 믿는 사람들이 미국을 중심으로 상당한 숫자가 있고 조직을 만들어서 활동도 활발히 하고 있다. 이 사람들에게 아무리 과학적인 증거를 들이대도 귀를 막아 버리고 자신의 경험과 논리만을 이야기한다. 전형적인 꼰대 현상이다. 그래서 종교에서도 정치에서도 회사에서도 확증 편향에 빠진 꼰대가 증가한다.

회사에서 조직에서 아랫사람의 새로운 아이디어와 혁신적인 대안은 확증 편향에 빠진 꼰대들에 의해서 사라진다. 팬택을 기억하시는가? 한때는 삼성과 애플과 경쟁할 정도의 제품을 출시하기도 했던 팬택도 바로 이 꼰대 문화에 반발해서 창업된 회사이다.

창업자 박병엽 회장은 맥슨이라는 무선전화기 회사에 다니고 있었는데 여러 가지 혁신적인 아이디어를 내면 담당 상무의 "너는 맨날 쓸데없는 생각만 하지 말고 시키는 일이나 잘해!"라는 핀잔만 돌아왔다고 한다. 그때 그 회사에 냈던 아이디어가 전국에서 통용되는 삐삐 아이디어였다고 한다. 80년대 삐삐 무선 호출기는 서울은 서울 지역만 부산은 부산 지역만 광주는 광주지역만 되는 지역별 삐삐였었고 서울의 무선호출기를 부산에 가져가면 무용지물이 되는 그런 시대였었다.

그것을 여러 가지 방법으로 개량을 해서 기계 하나로 전국으로 통용되는 삐삐를 만들자, 그러면 우리 회사가 한 단계 더 뛰어 오를 수 있다고 위에 건의를 했지만 "야 너 쓸데없는 생각하지 말고 시키는 일이나 해!"하는 대답만 돌아온 것이다. 그래서 이 사람이 회사를 뛰쳐나와 집을 저당 잡혀서 회사를 하나 창립을 하게 된다.

그것이 바로 지금은 없어진 팬택이다. 박병엽 회장의 전설적인 스토리이다. 아마 맥슨이 그런 확증편향에 빠지지 않았다면, 그런 꼰대 정신에 빠지지 않았다면 지금쯤 굉장히 큰 스마트폰 제조업체가 되어 있었을지도 모를 일이다. 그런데 팬택이란 회사도 혁신을 잃어 버리고 스마트폰 시장에서 사라져 버린다. 혁신의 아이콘이었던 팬택도 또 다른 확증편향에 빠졌는지도 모른다.

사람뿐 아니라 조직과 국가도 확증편향에 빠진다. 대표적으로 일본이 그렇다. 산업사회에서는 세계를 제패하던 일본이 4차 산업 혁명 인공지능과 인터넷의 시대에는 맥을 못 추고 있다. 바로 세계 최고였던 과거의 경험이라는 확증편향에 빠진 것이다. 일본은 새로운 것을 적극적으로 받아들이질 못한다. 많은 국가들이 이메일로 업무를 보고 전자 결재를 하고 인터넷으로 업무를 할 때 일본은 아직도 서류에 직접 도장을 찍어야 하는 결재 문화, 팩스로 대변되는 서류 문화이고 믿을 수 없게도 아직도 플로피디스크를 쓰고 있다고 한다. 이로 인해 전자정부 같은 것은 먼 나라 이야기일 뿐이다.

그래서 코로나 같은 비상 시기에 확진자 통계도 팩스로 업무처리를 하다가 엉망이 되고, 도장 결재 때문에 재택근무가 어려워지고, 아베의 마스크를 배포하는 데 몇 달씩 걸리는 일이 발생하고 코로나 백신 예방 주사도 통제가 안 돼 접종이 지연되는 사태가 벌어졌었다. 국가 자체가 확증편향에 빠진 꼰대 국가가 돼 버린 것이다. 그런데 무서운 것은 앞으로 벌어질 4차 산업 혁명 인공지능 시대에는 산업혁명 이후 지난 200년간의 변화보다도 더 큰 변화가 5년, 10년 이내에 벌어진다는 사실이다. 그야말로 꼰대가 대량 양산되는 절대 절명의 시대이다. 이제 자신의 경험과 지식을 내려놓고 새로운 지식과 반대편의 이야기에 귀를 기울이는 자만이 생존할 것이다.

인텔이 꼰대 기업이 될 때

기업이 확증편향에 빠질 때 아무리 혁신적이고 잘나가던 기업도 꼰대 기업이 되고 흔들리게 된다. 컴퓨터의 두뇌 CPU를 생산하는 철옹성 제국 인텔은 어떻게 그 자리를 위협받게 되었을까? 그것은 인텔의 6세대 CEO 브라이언 크르자니크가 취임하면서 시작되었다. 브라이언이 취임하기 전에는 인텔은 그야말로 기술과 생산과 마케팅에 독보적이었다. PC시장에서 90% 이상의 점유율, 서버시장에서의 99%의 점유율을 가진 CPU의 최강자 인텔에게는 아무도 도전할 수 없을 것처럼 보였다. 그러나 모든 제국이 그랬던 것처럼 제국의 균열은 내부에서부터 온다. 인텔이 그랬다. CPU의 거의 유일한 경쟁사 AMD는 주가가 1달러로 곤두박질칠 정도로 시장에서 버림받았고 다시는 재기할 수 없을 것이라는 것이 일반적인 평가였다. 인텔은 성공 신화에 사로잡혔다. 인텔이 하면 무엇이든 된다는 확증편향에 빠진 것이다.

그리고 독선이 시작되었고 독선은 갈등을 불러왔다. 신제품 CPU를 내놓으면서 이전 버전의 마더보드와는 호환이 안 되도록 하여 PC를 업그레이드하고 싶은 많은 소비자들과 갈등을 일으켰다.

그래도 인텔제품은 잘 팔렸다. 대안이 없었기 때문이다. 소비자들은 울며 겨자 먹기로 신형 마더보드와 함께 구입해야 했다.

그리고 이익은 극대화되었다. 인텔의 틱톡 전략은 혁신의 아이콘이었다. 틱톡 전략이란 한 해는 공정의 미세화(=틱전략)와 그 다음 해는 아키텍쳐의 쇄신(=톡전략)을 교대로 진행하면서 새 제품을 출시해 나가는 것을 의미한다. 이 전략이 잘 먹힐 때는 인텔의 연구소에서 외계인을 납치해서 외계 기술을 도용한 것 같다는 우스갯소리도 있었다. 그러나 이 틱톡 전략은 방대한 R&D 인력이 필요하고 엄청난 운용 비용이 들어간다. 그러나 인텔이 하면 무엇이든지 하면 된다는 확증편향에 빠진 CEO 브라이언 크르자니크는 기술 개발보다는 이익의 극대화를 통한 CEO로서의 자신의 입지를 다지는 것이 중요했다. 전형적인 꼰대가 된 것이다. 그리고 그 엄청난 R&D 인력을 대폭 해고한다.

이 과정에 많은 엔지니어들과 갈등이 증폭되었음은 말할 것도 없고 인텔은 혁신과 변화를 잃어버렸다. 해고된 인력들은 경쟁사인 AMD는 물론 대만의 TSMC, 삼성전자 등으로 흩어졌다. 드디어 AMD에게 기회가 왔다. 엔지니어 출신 전설의 CEO 리사수가 취임한 것이다. 리사수는 R&D 인력을 대폭 보강하고 새로운 아키텍쳐를 기반으로 한 CPU 라이젠을 내놓는다. 라이젠은 역사상 최고의 CPU로 평가받고 있는 차세대 CPU일 뿐만 아니라 가격과 성능에서 인텔을 압도했다. 그리고 PC 시장의 절반을 휩쓸며 인텔을 위협하는 위치에까지 올라섰다. 이렇게 꼰대의 확증편향은 기업까지 꼰대기업으로 만든다.

LG전자의 스마트폰 철수는 확증편향의 꼰대문화

LG전자의 스마트폰 폭망사는 이렇게 알려져만 왔다. 스티븐 잡스가 아이폰을 발표하고 스마트폰이 세상에 선보여질 때 LG는 세계적인 컨설팅회사 맥킨지에 스마트폰에 대한 컨설팅을 거액을 주고 의뢰했다. 그 결과 스마트폰은 찻잔 속의 태풍이 될 것이니 LG는 기존의 피쳐폰에 집중하라는 컨설팅 때문에 폭망했다는 이야기가 널리 알려져 있다. 그러나 그 이면에는 LG전자 내부의 꼰대 문화가 자리 잡고 있었다. "내가 해봐서 아는데 이건 이렇게 될 거야"라고 이미 위에서 결론을 내려 버리는 꼰대 문화는 LG전자의 최고 경영진층에서부터 시작되었다. 우선 2011년 4월 12일 한 CTO 선임 연구원이 퇴직하면서 구본준 CEO에게 보냈다는 -그리고 인터넷에 공개되어 유명해진 - 이메일부터 보자.

그는 "저는 CTO소속의 선임연구원입니다. 구본준 CEO님께서는 다른 분의 의견을 경청한다는 이야기를 들은 적이 있습니다. 그러나 LG전자가 혁신을 하는 회사가 아니라 혁신을 하겠다고 주장만 하는 회사처럼 보입니다"라고 이야기하며, "아이디어가 구현될지도 확실치 않은데 프로젝트 초기부터 수익률을 계산하는 것은 뭔가 맞지 않는 것 같은 생각이 든다." "또 지나친 보안 강조로 혁신성이 떨어진다"고 주장했다. 또 "아이디어를 얻는 데 인터넷만큼 좋은 곳이 없다고 생각한다. 그런데 보안이라는 이유로 접근이 막힌 사이트들이 의외로 많다", "KT의 서비스를 알아보기 위해 접근하려 하나 막혀 있었다. 어떤 이유로 막았는지 연구원에게 공지도 안 한다"고 밝혔다.

그는 조직문화에 대해서도 일침을 놨다. “LG전자에서는 자유로운 토론 문화가 없다”는 것이다. “최고 경영진이나 연구소장이 말하면 그대로 의사 결정이 난다”고 비판하며, “경쟁사인 삼성이 어떻게 한다더라 하면 비판적인 토론 없이 의사결정이 많이 난다”며 “최고경영진에서 말이 나오는 경우나 경쟁사가 그렇게 하더라도 의사 결정 시에 관련자들이 필요하면 이를 반박할 수 있는 문화가 되어야 고객이 원하는 제품을 만들 수 있을 것이”라고 꼬집었다.

“까라면 까라는 분위기 숨 막혀 일 않고 위만 쳐다보는 조직” “회사에서 연구원들을 주인이라고 생각하고 대해주지 않는데 주인의식이 생길 리 만무하다” 며 “서초 R&D캠퍼스에서 본부와 연구소를 불문하고 지각을 체크해 각 조직별로 통계를 매일 보고하겠다는 이야기를 들었다. 회사가 연구원들을 주인으로 대하지 않는데 주인의식이 생길 수 있겠느냐”고 했다.

이 글은 네티즌들 사이에서 폭발적으로 퍼져나가 이미 유명한 글이 되었다. 댓글에는 응원 글뿐 아니라 LG전자에 다녔던 사람들까지 댓글을 달고 있다. LG전자에서 근무했었다는 한 네티즌은 댓글을 통해 “까라면 까는 거지 무슨 말이 그렇게 많냐 식의 반응에 견디다 못해 뛰쳐나왔다”며 “경직된 분위기에 혁신은 무슨 당장 먹고 사는 것도 다행이라는 생각이 들었었다”고 밝혔다. LG전자에서 10여 년을 근무하고 퇴사했다는 한 네티즌은 “LG의 조직문화 및 각종 혁신이란 것들이 상위 부서에 잘 보이기 위한 보고 위주에 편중되고 있으며 일하는 조직이 아닌 무사안일주의의 회사가 되고 있어 너무 답답하다"고 댓글을 달았다.

LG스마트폰의 폭망은 매캔지의 잘못된 컨설팅뿐만이 아니라 서열 중독, 확증편향 같은 꼰대문화의 결과물인지도 모른다.

쌍용자동차와 디자인 확증편향

쌍용자동차가 몇 년 전 멋진 재기의 기회를 잡은 적이 있었다.

신호탄은 티볼리였다. 티볼리는 여러 면에서 혁신적이었다. 우선 그 당시 존재하지 않았던 시장인 소형 SUV를 국내 최초로 출시한 것이다. 지금은 코나, 스토닉 등 소형 SUV들이 각축을 벌이고 있지만 원래 SUV는 중대형 차량이 선도하는 시장이었다.

쏘렌토, 싼타페 같은 덩치가 큰 남성적인 이미지의 차량들이 주름잡는 시장에 소형 SUV를 내놓는다는 것은 여러 가지로 모험적인 도전이었지만 결과는 대성공이었다. 특히 티볼리의 디자인은 우락부락한 남성적 이미지에서 탈피해서 세련된 도시의 이미지, 부드러운 여성의 이미지가 강했다. 실제로 여성고객들의 선호도가 매우 높은 차량으로 자리매김했다. SUV시장에 신선한 바람을 일으킨 것이다.

그런데 여기서부터 쌍용차는 디자인 확증편향에 빠진다. 후속 신제품을 내놓는데 전부 티볼리의 디자인을 기반으로 제품을 출시했다. 티볼리의 디자인 성공신화에 빠진 것이다. 대형 SUV 렉스턴이 그랬고 중형 코란도가 그랬다. 티볼리를 바탕으로 한 패밀리 룩 디자인을 선보인 것이다. 렉스턴의 거대한 차체의 강렬한 남성적 이미지는 온데간데없고 부드럽고 도시적인 디자인이었다.

처음 출시 때는 그럭저럭 팔리는 것 같더니 팰리세이드와 모하비 등의 경쟁차량이 등장하자 매출이 곤두박질친다. 자동차의 판매를 디자인이란 하나의 요소로만 판단하는 것은 무리가 있겠지만 그래도 일반 소비자들은 대부분 디자인에서 대변되는 이미지로 구매를 결정한다. 쌍용자동차를 어렵게 만드는 결정타는 코란도에서 왔다. 코란도라는 브랜드의 정체성은 무엇인가?

대한민국에서 오프로드 차량의 대표작이었으며 4륜 구동과 보디 온 프레임(프레임 바디라고도 하며 트럭처럼 차체 하부에 강철 프레임이 있고 그 위에 차체를 얹는 구조)의 전설이었으며 지금도 많은 오프로드 매니아들이 그리워하는 차이기도 하다. 그래서 코란도가 완전 신형으로 개발되고 모터쇼에 코란도 컨셉트 카를 선보였다. 과거의 코란도가 현대적인 옷을 입고 환생한 모습이었다. 많은 코란도 매니아들이 레트로 디자인에 열광했다.

물론 과거와 같은 프레임 바디는 아니었지만 디자인이 주는 레트로 감성만으로도 충분했다. 그런데 실제 판매용 차량에는 티볼리의 디지인이 적용될 거라는 소문이 돌았다. 많은 자동차 동호회와 전문가들이 우려를 표했다. 제발 컨셉트카처럼만 나오게 해 달라는 부탁이 줄을 이었으며 티볼리를 뻥튀겨 놓은 듯한 디자인이면 틀림없이 망작이 될 거라는 예언도 이어졌다. 그러나 양산된 차는 쌍용의 고집대로 티볼리를 살짝 키워놓은 듯한 그야말로 이란성 쌍둥이 디자인이었다.

▲ 자료 출처 :쌍용 자동차 홈페이지

디자인은 흐르는 물과 같아서 아래에서 위로 흐르지 않는다. 위에서 아래로 흐른다. 명품 가방을 모방한 짝퉁 가방은 많아도 싸구려 디자인을 모방한 명품디자인은 없다. 특히 자동차가 그렇다.

상위 차종이 먼저 히트하면 그 차종의 디자인을 모방하고 그 디자인이 아래로 내려온다. 탑다운 패밀리 룩 디자인이다. 천만 원을 더 주고 코란도를 샀는데 주변에서 "야 티볼리 멋있다!" 이러면 차주는 얼마나 실망스러울까? 차를 내다 버리고 싶어질 것이다. 차량 디자인에 민감한 필자도 주차장에서 코란도를 보면 티볼리로 혼동할 때가 많다. 그렇게 코란도는 출시하자마자 팔리지 않는 망작이 되었다.

그리고 쌍용차는 부채를 갚지 못해 부도 위기에 처한다. 티볼리의 성공 신화가 확증편향이 되어 쌍용차의 발목을 잡은 것이다. 그런데 최초의 모터쇼에 출품했던 디자인은 누가 반대했을까? 아마도 내부에 꼰대가 있었을 것이다. 그 사람이 누구인지는 몰라도 디자인 결정권자임은 틀림없다. 그리고 외부 매니아들의 충고와 내부 디자이

너들의 진심 어린 충고 등을 콧등으로도 안 듣고 이런 이야기를 했을 것이다.

“내가 해봐서 아는데 자네 티볼리가 어떻게 성공했는지 아나? 모르면 시키면 시키는 대로 하지 그래” 티볼리의 성공이라는 확증편향에 빠진 꼰대는 그렇게 쌍용을 말아먹은 것이다.

최근에 쌍용자동차가 신차의 디자인을 유출했는데 이제야 코란도 브랜드의 정체성이 무엇인지 깨달은 것 같다. 유출된 디자인대로만 양산차가 나온다면 상당한 반응이 있을 것이다. 이미 인터넷의 자동차 커뮤니티에서는 반응이 뜨겁다. 그러나 또다시 꼰대 정신을 발휘하여 양산차가 과거의 잘못을 되풀이한다면 쌍용차는 더욱 어려운 길로 빠질 것이다. 벼랑 끝 쌍용자동차 어떤 선택을 할지 궁금하다.

▲ 자료 출처 :쌍용 자동차 홈페이지

일본의 반도체와 도시바의 확증편향

인간이 어떤 생각 어떤 결정 어떤 자유의지를 한번 갖고 나면 그 생각이 점점 강화되고 그 방향으로 확신을 갖게 되고 다른 의견을 거부하게 되는 편향을 갖게 된다는 것이 확증편향이다. 이것 때문에 바로 의견 충돌이 일어나고 설득이 어려워지고 갈등이 발생한다.

세계를 주름잡던 일본의 반도체가 오늘날 왜 이렇게 몰락했을까? 여러 가지 원인이 있지만 그중에 중요한 원인 하나가 바로 꼰대 정신의 진수 '확증편향'이라고 보인다.

확증편향은 특히 자기가 아주 잘나갈 때 굉장히 심해지는데 사실 80년대와 90년대 초 중반까지도 전 세계 반도체 업계는 NEC 도시바 같은 일본 업체가 쥐락펴락했다. 세계 10대 반도체 업계의 6~7개를 일본업체가 차지할 정도였고 미국의 반도체 업계는 일본에 밀려나서 숨을 겨우 쉬고 있을 정도로 일본의 반도체의 위세는 대단했었다.

그런데 지금은 전부 다 망하거나 거의 바닥을 기고 대만 업체에 팔리고 도시바까지 거의 끝장나고 있다. 그 이면을 살펴보면 대규모 투자시기를 놓치고 여러번의 치킨 게임 같은 세계적인 경쟁 속에서 패배한 이유도 있겠지만 일본 기업의 확증편향이 아주 중요한 역할을 했다. 80년대는 이 세계 반도체 시장의 중요한 고비가 있었는데 바로 기업용 반도체에서 일반 PC용 개인용 수요가 급격히 늘어나는 시기였다. 사실 PC가 개발되기 이전에는 반도체 쓰이는 곳은 기업체용 컴퓨터에 주로 쓰였는데 이곳에서는 용량이 크고 그리고 내구성이 보장이 되는 고가의 반도체 수요가 많았었다.

그러나 80년대에 개인용 PC가 보급이 되면서 그런 비싼 반도체보다는 가성비 반도체가 필요한 시대가 되었고 우리나라의 삼성전자 같은 회사들은 바로 이런 가성비를 갖춘 가격은 저렴하고 가격 대비 성능도 괜찮은 반도체로써 가정용 PC 반도체를 장악을 하게 된다. 그러나 일본 업체들은 "반도체는 그렇게 만드는 게 아니고 굉장히 신뢰성이 높아야 되고 고부가 가치여야 한다. 그리고 기업체들의 시장이 아직도 크기 때문에 우리는 비싸더라도 신뢰성 높은 반도체를 개발을 해야 돼"라고 갈라파고스적인 생각에 사로 잡혀서 확증편향에 빠진 것이다.

가성비적인 그런 메모리를 내놓지 못하고 결국에는 가격 경쟁력에서 밀리면서 오늘날에 이런 비참한 몰락을 맞게 되었다는 분석이 많다. 또 하나 재미있는 사례가 있다. 지금 하드디스크 시장이 SSD 메모리로 만든 하드디스크로 대체가 되고 있는데 이 SSD는 속도도 엄청나게 빠르고 메모리 용량도 1TB이상이라고 한다. 이 SSD에 들어가는 메모리를 한국의 반도체 기업들이 전부 다 장악을 하고 있다.

여기에 들어가는 반도체가 바로 낸드플래시 메모리인데 놀랍게도 낸드플래시 메모리는 일본의 도시바가 세계 최초로 개발을 한 것이다. 일본 도시바의 한 연구소에서 괴짜같은 연구원이 이것을 개발을 해서 계속 회사에 보고를 하는데 회사에 경영진들은 어떤 반응을 보이느냐, "너는 왜 쓸데없는 짓을 해! 기존에 신뢰성 높은 이익이 많은 디램 메모리 개발에나 전념해! 쓸데없는 거 개발하지 하지 말고!"

이래서 이 사람은 오히려 한직으로 몰리다가 결국은 회사를 퇴사까지 하게 된다.

그런데 그 와중에 삼성전자 관계자들이 도시바를 방문하여 새로운 기술 좀 소개해 줄 수 있냐고 지나가는 말로 물어봤는데, 덥썩 낸드플래시 기술을 무료로 전수시켜 주었다고 한다. 도시바는 낸드플래시의 값어치를 알아보지도 못한 것이다.

오히려 이런 기술은 정말 쓸데없다라고 생각하고 삼성이 골탕 먹으라고 버린 것인지도 모른다. 그리고 이익이 많이 나고 세계를 지배하고 있는 원래 기술만 지키면 된다고 생각을 했을 것이다.

그게 90년대 초 이야기이다. 삼성전자에서 그때 받아온 낸드플래시 메모리 기술을 발전시키고 발전시켜서 지금 전 세계 메모리 시장을 장악을 해 버리고 일본의 메모리 시장은 몰락을 하게 되는 그런 일이 벌어졌다. 여기서 바로 일본 기업의 꼰대 정신을 볼 수 있다. 이 꼰대 정신 중에 핵심이 바로 이 확증편향이다. "아 내가 해 봐서 아는데 내가 다 알아. 내 말만 들으면 된다니까. 자네는 쓸데없는 짓 하지 말고" 이러한 꼰대정신의 핵심 확증편향이 일본의 반도체 산업을 무너뜨린 주요 요인 중에 하나라고 볼 수 있다.

우리나라에서도 이런 비슷한 일이 많이 있다. 여러 많은 기업에서 확증편향 논리에 빠져서 새로운 아이디어가 사장되고 시장에서 사라져 가는 것이 현실이다. 찰스 다윈은 언제나 확증편향에 빠지는 것을 두려워했다고 한다.

'자기의 실험과 자기 예측과 다른 결과가 나오면 나의 전제가 근본적으로 잘못된 것이 아닌가' 라고 의심을 하며 확증편향에 빠지지 않도록 평생을 노력을 했다고 한다. 4차 산업 인공지능시대, 어마어마한 변화가 몰려오고 있다. 지금은 우리 스스로 한번 내가 확증편향에 빠지지 않았는지, 내가 꼰대 정신에 빠지지는 않았는지 생각해 볼 때이며 끊임없는 변화와 혁신만이 새로운 변화에 적응할 수 있음을 알아야 할 시기인 것이다.

하드 리더십과 소프트 리더십

하드 리더십과 소프트 리더십

20세기 가장 각광받던 잭 웰치의 리더십은 인공지능 4차 산업 혁명으로 대변되는 초격차 시대에 아직도 유효한가? 잭웰치의 리더십은 MS를 모바일 시장에서 패퇴시키고 말았다. 그리고 그 자리를 구글이 꿰어 찼다. 그 중심에는 하드리더십과 소프트 리더십이 있다! 과거에 정석으로 통하던 리더십도 오히려 조직에서 갈등의 요소가 되고 심지어 조직을 붕괴시키기도 한다. 4차 산업 혁명의 시대가 되면서 리더십도 변하고 있다. 갈등의 리더십인가? 아니면 새로운 시대를 열어가는 리더십인가? 초격차시대의 리더십은 놀랍게도 인간의 본능을 이해하는 데부터 출발한다.

하드 리더십과 소프트 리더십

남을 통제한다는 것은 다른 사람의 의견을 묵살하고 타인의 능력을 인정하지 않으며 심지어 가로채기까지 하는 것을 의미할 수 있다. 회사에서 비일비재하게 일어나는 일이다. 다른 사람의 의견 특히 아랫사람의 의견을 받아들이지 않고 무시하고 아무 능력도 없으면서 윗사람에게 잘 보이는 능력만으로 승승장구하는 사람들. 이런 사람들은 본능이란 관점에서 보면 서열 본능이 매우 강한 사람들이다. 서열 본능이 강한 사람들은 타인을 통제하려는 강한 욕구를 갖고 있다. 그러나 놀랍게도 자기보다 강한 권력자에게는 매우 저자세로 돌변하면서 고분고분해지고 스스로 그 권력자의 통제를 능동적으로 따르는 경향이 강하다.

서열 본능이 강한 사람의 특징이다. 이런 사람은 위계질서를 중요시한다. 서열이라는 관점에서 보면 리더는 두 가지 타입으로 볼 수가 있다. 첫 번째 타입은 서열본능이 강한 하드 리더십이다. 자기의 직급과 직책과 권력을 이용해서 힘으로만 누르는 사람, 아랫사람의 의견을 수용하지 않고 좋은 아이디어다 싶으면 가로채는 리더. 이것을 하드리더십으로 부를 수 있다. 군대, 경찰 같은 위계조직에서 이런 현상을 많이 볼 수 있다. 자기 말을 듣지 않으면 “야 너는 시키면 시키는 대로 해!”라고 하는 말로 대표되는 조직이다.

그리고 윗사람 앞에서 복종도 잘한다. 그러나 아랫사람은 심한 통제를 당하고 심리적 서열은 떨어진다. 심리적 서열이 떨어지면 스트레스 호르몬으로 알려진 코티졸 수치가 급격히 올라간다. 코티졸은 우리 뇌의 활력을 떨어뜨리는 호르몬이다.

창의성을 저하시키며 의견을 내기보다는 조직에 순응하고 의존적이고 타율적인 인간으로 변모시킨다. 그리고 조직과 회사는 활력을 잃고 새로운 환경이 도래하면 적응하지 못하고 시장에서 도태되는 길을 걷는다. 꼰대 회사가 되는 것이다. 그러나 오늘날의 사회는 점점 수평화 되고 기업의 조직도 위계적인 사회에서 수평적인 사회로 바뀌고 있다.

인공지능과 인터넷의 발달로 오히려 아랫사람이나 젊은 세대가 새로운 정보 접근에 훨씬 유리한 시대이다. 상층부만 누리던 정보의 비대칭성이 줄어들고 인터넷을 자유롭게 다루는 새로운 세대가 더 많은 정보에도 쉽게 접근하고 판단할 수 있는 시대가 되었다. 하드 리더십이 설 자리가 점점 없어지는 것이다.

이런 환경에서는 어떤 리더십이 필요할까? 조직원들이 스스로 일하고 저절로 리더를 따라오게 하는 그런 리더십이 필요하다. 이것을 소프트 리더십이라고 부를 수 있다. 소프트 리더십은 조직과 팀원에게 자율성을 최대한 보장하고 스스로 책임지게 하는 리더십이다. 본능이란 관점에서 보면 서열이 높은 개체가 자율성이 높다. 즉 인간은 자율성을 부여받는 것만으로도 심리적 서열이 올라간다. 그래서 인간은 3살 4살만 되도 엄마의 도움을 받지 않고 스스로 하려는 경향을 보인다. 심리적 서열이 올라가면 우리 몸과 뇌는 세로토닌이라는 호르몬 수치가 올라간다. 인간만 그런 것이 아니라 동물도 똑같다. 이 호르몬은 전두엽을 활성화시키는 호르몬이다. 전두엽이 활성화되면서 창의성도 올라가고 업무에 대한 몰입과 적응도 잘 되며 상대방에 대한 배려심도 올라가고 공감능력을 높이기도 한다. 한 조직이나 회사가 새로운 환경과 변화에 잘 적응하고 발전할 것인지 아니면 관료주의와 구태에 빠져 도태될 것인지는 구성원들의 호르몬이 세로토닌이 높은 상태인지 코티졸이 높은 상태인지 혈액 측정을 해봐도 알 수 있다는 이야기다.

하드 리더십과 소프트 리더십이 인간의 본능의 문제에서 출발하고 그것이 호르몬을 상태를 결정짓는다.

모바일 시장에서 패퇴한 마이크로 소프트

빌게이츠가 일선에서 물러난 뒤 스티브 발머가 마이크로소프트의 새로운 CEO로 취임을 했다. 실질적으로는 빌게이츠가 물러난 2006년부터 2014년까지 마이크로소프트를 이끌었다. 재임기간 동안 회사의 순수익을 3배로 늘리고 회사를 안정화시키는 업적을 이루었으나, 같은 시기의 IT기업 CEO들에 비해서 몇몇 잘못된 선택으로 평가가 극과 극으로 갈렸던 경영인이다. 즉 변화가 심하고 항상 새로운 환경이 지배하는 시기에 스티브 발머가 이끌던 마이크로소프트는 모바일이라는 새로운 환경에 적응하지 못하고 패퇴하였다.

애플이나 구글 등 IT 강자들이 모바일로 빠르게 전환을 하고 있었을 때 마이크로소프트는 PC의 OS 시장 점유율 90%를 자랑하던 윈도우만 믿으면서 상황을 방치하다가 모바일 시장을 완전히 빼앗겼고, 부랴부랴 윈도우 모바일을 출시하였지만 대세를 뒤집기엔 역부족이 되었다. 이미 모바일 생태계가 견고해졌고 이로 인하여 윈도우폰 점유율이 0%까지 추락했다. 여기에는 여러 가지 분석이 있지만 스티브 발머가 도입했던 인사제도 스택랭킹이 마이크로소프트를 무력화시켰고 모바일이라는 새로운 환경에 적응하지 못하고 도태시키는 데 일조하였다는 것이 많은 분석 자료에 나와 있다.

마이크로소프트는 지난 2013년, 10년 넘게 유지해 오던 '스택 랭킹(Stack Ranking)' 제도를 전면 폐지했다. 스택 랭킹은 경영의 신이라 추앙받던 GE의 전 CEO 잭 웰치가 고안해 낸 상대평가 제도로서 임직원을 상위 20%, 필수 70%, 하위 10%로 나누어 냉혹하게 보상하는 인사평가 방식이다. 상위 20%에게는 보너스와 스톡옵션, 승진 등을 통해 보상을 제공했고 필수 70%에게는 상위 20%에 들어가도록 독려했다. 그리고 나머지 10%의 직원들은 가차없이 해고해 버리는 가혹한 인사 평가 제도이다. 과거에는 잭 웰치의 인사제도가 기업 발전에 도움이 될 것이라는 생각이 지배적이었다.

그래서 미국뿐만이 아니라 우리나라를 비롯한 전 세계 수많은 기업들이 이 제도를 도입했다. 마이크로소프트에서는 이 제도가 더 정교해졌다. '직원을 1~5등급으로 나누고 최하등급 직원들은 해고했다. 이렇게 되면 회사에는 우수한 인력만 남을 것이다. 그리고 회사는 발전할 것이다' 라는 전제하에 이런 인사 제도를 10여 년 이상 유지했는데도 불구하고 마이크로소프트는 모바일 시장뿐만이 아니라 새로운 사업에선 점차 경쟁력을 잃어갔다.

잭 웰치의 인사제도는 심각한 내부 경쟁을 유발하고 내부 줄 세우기를 강요한다. 미래를 위한 과감한 투자나 신사업보다는 안정적이고 이익이 창출되는 현재의 프로젝트에만 조직이 움직인다. 마이크로소프트의 윈도우 사업부가 그랬다. 윈도우는 회사의 캐시카우이며 안정적으로 엄청난 이익을 창출하고 있었다. 그러나 모바일은 불안한 미래였고 당장 이익이 나는 프로젝트는 아니었다. 잭 웰치의 인사 평가제도에서는 최고 경영자의 결단이 없다면 모바일 같은 모험적인 사업부는 조직에서 외면받는다. 그래야만 인사평가를 높게 받을 수 있기 때문이다. 이런 안정적인 사업팀에서는 인사 평가권을 쥐고 있는 상급자가 절대 권력을 휘두를 수 있는 여건이 조성된다. 회사 전체가 통제와 간섭, 줄 세우기와 같은 하드 리더십으로 갈 수밖에 없다. 구성원들의 뇌가 코티졸 상태가 되는 것이다. 창의성과 공감능력과 소통은 저하될 수밖에 없고 경쟁과 부서 간 정보 교류마저 차단되는 비밀주의가 성행한다.

미국 월간지 "베니티 페어"는 최고경영자 스티브 발머와 스택 랭킹을 마이크로소프트의 잃어버린 10년의 원인으로 지목했다. 마이크로소프트를 망치는 원흉이 스티브 발머의 무능력한 경영방식과 내부 직원들 간의 소통을 방해하고 경쟁만을 조장하는 스택 랭킹이라는 것이다. 실제로 마이크로소프트의 내부 자료와 전·현직 임직원들을 인터뷰 내용에 따르면 스택 랭킹이라는 가혹한 인사제도는 회사를 망가뜨리고 우수한 인재들이 떠나게 했다는 것이 밝혀졌다.

우수한 직원들이 남은 것이 아니라 체제에 적응하는 직원만 남고 협업과 팀워크는 안개처럼 사라졌다고 한다. 하드 리더십의 폐해가 고스란히 드러난 것이다. 마이크로소프트 직원들은 외부의 기업들과 경쟁하는 대신 내부 동료들과 경쟁해야 하고 윗사람의 심기를 맞추고 새롭고 모험적인 일을 하지 않으려고 했기 때문이다. 마이크로소프트는 2013년 스택 랭킹을 포기했다. 그리고 클라우드 사업 등 신사업에서 눈부신 성과를 거두고 있다.

본능으로 이해하는 리더십

동물의 세계에서는 여러 가지 본능이 있다. 서열, 영역, 성, 애착, 식욕 본능 같은 것이 대표적인데 그중 가장 중요한 본능 하나를 꼽으라고 한다면 서열본능이다. 왜냐하면 서열이 높은 개체는 영역, 성, 식욕 등 다른 본능도 충족할 수 있기 때문이다. 인간도 마찬가지이다. 인간끼리 모여도 동물과 마찬가지로 영역본능, 서열본능, 성본능, 식욕본능, 애착본능 이런 여러 가지가 작동되지만 그중에 으뜸 하나를 뽑으라고 하면 바로 이 서열본능인 것이다. 이 서열본능을 강하게 타고난 사람이 있고 약하게 타고난 사람이 있는데 서열본능을 강하게 타고난 사람은 다른 사람을 짓누르고 통제하려고 하고 심지어 무시하면서까지 심리적으로 다른 사람 위에 서려고 한다.

이것은 자기의 이성이나 자유의지와는 상관없는 번식 본능이며 유전자를 보존하려고 하는 본능이다. 『이기적 유전자』라는 책에서 리처드 도킨스 씨는 이런 주장을 했다. "인간은 유전자 보전을 위해 맹목적으로 프로그램된 로봇 기계이다" 맹목적으로 프로그램 되었다는 의미는 바로 나의 의식, 나의 이성이 아니라 내가 모르는 무의식 저 깊은 본능이 나를 조종하고 있다는 것이다.

그중에 하나가 바로 이 서열이다. 그래서 서열본능이 강한 사람은 다른 사람의 의견을 수용한다는 것을 자기의 서열이 떨어진다고 느낀다. 다른 사람을 통제한다는 것은 다른 사람의 의견을 묵살하고 관리하고 내가 우위에 서는 것을 의미한다. 그래서 다른 사람의 의견을 묵살하고 타인을 통제하려고 한다. 하드 리더십이 강한 사람들의 특징이다. 사실 회사와 조직에서 이런 사람을 많이 볼 수 있고 또 놀랍게도 그렇게 서열본능이 강하지 않던 사람도 높은 자리에 올라가면 그렇게 변하는 것을 종종 볼 수 있다. 팀원이었을 적에는 꼰대가 아니었다가 팀장이나 권력을 행사할 수 있는 자리에 가면 갑자기 꼰대로 변해버리는 경우를 자주 본다. 그 이유가 서열이 위에 올라갔을 때 도파민이라는 호르몬에 의해서 서열형 인간으로 변하기 때문이라고 앞장에서 이야기한 바 있다.

서열의 우위에 서면 우리 뇌에서 세로토닌, 도파민, 테스토스테론 같은 호르몬들이 많이 나오는데 그중에 도파민과 테스토스테론으로 인해 공감형 인간보다는 서열형 인간으로 바뀐다. 그리고 자신이 의식하지도 못한 채 맹목적으로 프로그램되어 버리는 것이다. 리더는 이 서열 본능에 의해서 번식본능 사로잡혀 있지는 않은가 자각하는 것이 중요하다. 혹시 직원과 타인의 의견을 묵살하고 무시하고 있지는 않은가? 그것을 통해 나의 통제감이 높아졌다라고 느끼고 있지 않은가? 이렇게 끊임없이 자기 자신을 바라보는 것이 필요하다. 이 서열본능이 확증편향 또 귀인오류 이런 것들과 결합했을 때 조직은 무섭게 파괴되고 훌륭한 인재들이 회사를 떠나버린다는 결과를 앞선 사례에서 많이 보았다. 그러므로 늘 자신을 되돌아보아야 한다. 본능이라는 관점에서 봤을 때 이것이 정말 훌륭한 리더의 자질 중에 하나가 아닐까?

구글의 소프트 리더십

마이크로소프트와는 달리 모바일 시장의 최강자로 군림하고 있는 구글의 인사제도는 매우 독특하다. 우선 직원을 채용하는 절차와 과정이 매우 까다롭다. 심지어 구글에 입사하는 것은 하버드 대학에 들어가는 것보다 몇십 배 어렵다는 말도 있다.

그러나 일단 입사하고 나면 스택랭킹 같은 가혹한 인사 제도는 없다. 개개인과 팀의 자율성을 보장하고 관리자의 간섭을 최소화한다. 결재라인이 간소하고 그나마도 중간 결재라인을 패스하고 최종 관리자에게 직접 이메일을 보낼 수도 있다. 업무시간 중 30%의 시간은 완전히 자유롭게 사용할 수 있다. 운동을 해도 되고 취미생활을 해도 된다. 그러나 업무 성과에 대한 보상은 철저하다. 같은 직급에서도 연봉이 두 배 이상 차이 나기도 한다.

구글의 인사제도를 본능이라는 관점에서 보면 자율성을 최대한 보장하여 심리적 서열을 높이는 시스템이다. 이것이 소프트 리더십의 근간이다. 인간은 변화하고 적응하는 동물이다. 우수한 인재가 형편없는 인간으로 변할 수 있으며 겉보기에 우수해 보이지 않은 직원도 환경이 잘 조성되면 놀라운 능력을 발휘하는 것이 인간이다. 그 비밀 중에 하나가 서열 본능을 바탕으로 하는 소프트 리더십이다.

서열 본능은 동물의 세계에서 번식할 수 있는 권리이다. 유전자를 보존하고 퍼뜨릴 수 있는 권리를 보장하는 본능이다. 서열이 높으면 내가 마음대로 할 수 있는 권리가 있다. 짝짓기를 할 수 있고 먹을 것을 다 차지할 수 있다. 이것이 자율성이다. 인간은 자율성을 타고났다고 한다. 본능적으로 타고난 것이다. 그래서 사람은 자율성을 가지면 심리적 서열이 올라가고 뇌가 세로토닌 상태가 된다. 물리적 서열 상태가 오래되면 도파민에 의해서 뇌가 변형되는 것과는 대비되는 결과이다.

Google

동물들도 서열이 높은 개체는 세로토닌 수치가 높다. 구글의 인사제도는 교묘하게 인간의 본능을 자극하고 있다. 자율성을 부여함으로써 구성원들의 심리적 서열을 높여 주고 그 결과 그들의 뇌를 세로토닌 상태로 만든다. 창의성과 적극성이 높아지고 긍정적인 업무 자세가 형성된다.

구글은 세계를 지배하는 소프트웨어를 지속적으로 개발하고 있으며 인공 지능 등 새로운 분야에서 타 기업의 추종을 불허하는 눈부신 성과를 거두고 있다. 이것이 소프트 리더십이다. 인공지능과 초연결이 세상을 바꾸는 4차 산업 혁명의 시대에 오히려 인간의 본능을 이해하고 활용하는 것이 진정한 리더십인지도 모른다.

의견충돌

의견충돌

의견충돌은 언제나 도처에서 일어난다.

진보와 보수

부모와 자식

여당과 야당

유신론과 무신론

남편과 부인

그리고 의견충돌은 갈등을 일으키고 끝없는 평행선을 달려가기도 한다.

집단동조심리

트럼프가 대통령 선거에 패배하고 나서 그 지지자들이 미국의 의회를 점령하는 바람에 전 세계가 경악한 적이 있다. 그리고 거의 같은 시간 때 우리나라에 모 종교단체에서 1박 2일의 수련회를 강행하여 코로나19 누적 확진자만 770명 넘게 나와서 대한민국이 발칵 뒤집어진 적이 있다. 그런데 전혀 다른 사건 같은 이 두 사건에 놀랍게도 밀접한 관계가 있고 공통점이 있다면 믿어질까? 이것을 알기 위해서는 인간의 자유의지에 대한 새로운 이해가 필요하다.

우리는 이성과 자유의지에 대해서 얼마나 확신을 갖고 있을까? 여기 표 하나가 있다. 이 표에서 X 막대와 길이가 같은 막대는 어떤 것일까?

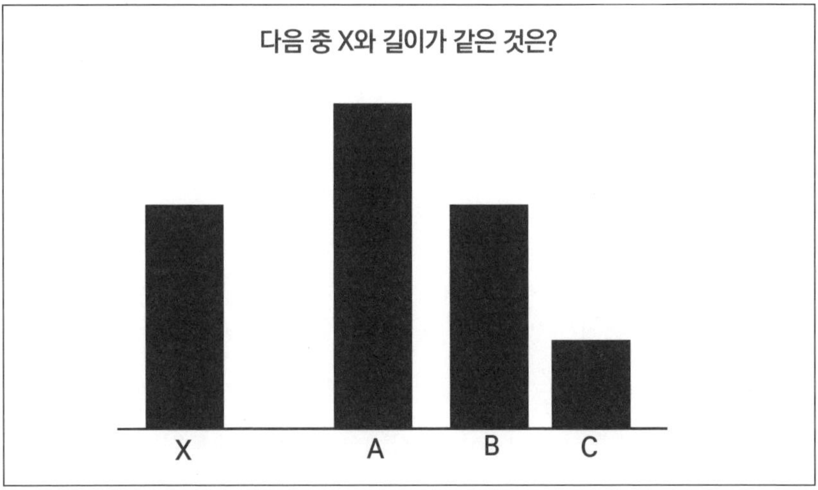

문제가 문제 같지 않다. 당연히 B라고 대답을 해야 상식이다. 그러나 우리가 어떤 상황에 빠지면 X막대와 길이가 같은 것은 C라고 대답할 확률이 70%에 이른다. 인간은 어떤 한 집단에 소속되어 있을 때 그 집단의 논리를 따르게 되고 그 집단에 동조를 하게 된다. 아주 재미있는 실험을 국내에서 한 적이 있다.

일곱 명의 실험 참가자들에게 방금 이 표를 보여 준 다음에 "A, B, C 중에 어떤 막대가 X와 길이가 같냐"라고 물어보는 아주 간단한 실험이다. 그런데 여기서 7명의 참가자 중에 여섯 명은 이미 실험 주관자와 한편이다. 즉 미리 다 짜고 C가 X와 길이가 같다고 대답을 하기로 약속을 하고 마지막에 대답하는 일곱 번째 대답만 진짜 피실험자인 것이다. 이 실험에서 놀랍게도 열 명 중에 일곱 명이 고개를 갸웃갸웃하다가 C가 X와 같은 길이의 막대 그래프라고 이야기했다. 인간은 한 집단의 소속되고 그 집단에 소속된 사람들이 주장을 하게 되면 거기에 아주 쉽게 동조가 된다.

대다수가 주장하는 내용에 반대 의견을 낼 때 인간의 마음은 대단히 불편해진다. 왜냐하면 우리의 뇌에서 고통을 느끼기 때문이다. 인간의 고통은 육체적인 고통을 느끼는 뇌 부위 와 그리고 심리적인 고통을 느끼는 뇌 부위가 같다고 한다. 인간이 어떤 집단에서 제외되거나 열외되었을 때 또는 왕따가 되었을 때 그 뇌 부위가 우리 육체가 아팠을때와 같다는 것이다. 실제로 사회적 고통과 신체적 고통은 뇌의 비슷한 부위에서 작동하는 것을 뇌 단층촬영이 보여 주고 있다.

사회적 고통과 신체적 고통은 뇌의 비슷한 부위에서 작동

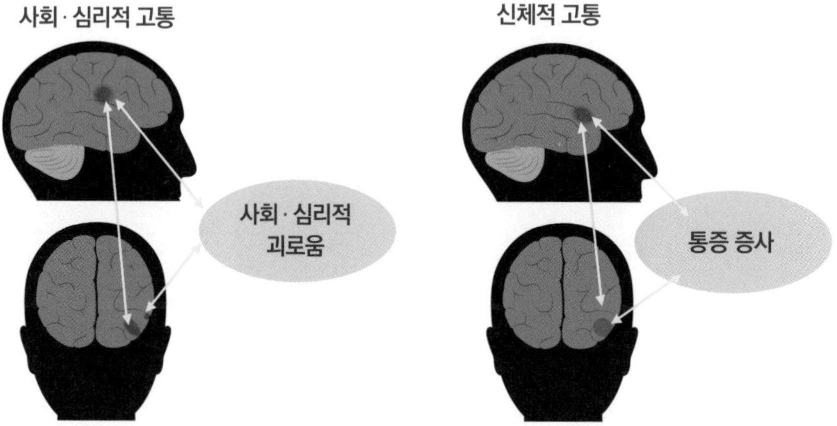

인간은 한 집단의 소속을 유지하려고 하는 아주 강력한 의지를 갖고 있고 본능을 갖고 있다. 왜일까? 인간은 현대 산업사회는 길어봐야 200년이었었고 농업사회는 길어봐야 만 년이었다.

수십만 년 동안 인간은 수렵 채집 생활을 해 왔다. 사냥으로 단백질 섭취를 해야만 했고 또 인간 개개인은 너무나 나약하기 그지없었다. 한 부족에 소속되었을 때 한 집단에 소속되었을 때만이 생존이 보장받을 수 있었고 번식할 수 있었다. 그래서 집단에 소속되려고 하는 강력한 본능이 있는 것이다. 그렇다면 미국의 의사당 난입사건과 한국의 종교센터의 코로나19 대확산 사건이 어떤 연관이 있는가? 뉴스에도 많이 보도되었지만 이 종교센터의 최고책임자가 이런 주장을 했다.

빌 게이츠 같은 사람들이 세계를 지배하고 단일 정부를 만들기 위해서 코로나19를 일부러 퍼뜨렸고 코로나19 백신을 개발해서 이 백신을 맞으면 전부 다 이 사람 빌 게이츠의 노예가 된다는 주장이다. 그 종교단체에 소속되어 있지 않은 사람들이 보기에는 황당무계한 주장이고 이런 주장을 누가 믿을까? 라고 이야기하지만 아까 그 실험에 비추어 봤을 때 그 집단에 소속되어 있을 적에는 약 70% 확률로 이런 이야기를 믿을 수밖에 없다는 것이다.

이것이 집단에 소속되었을 때 우리의 이성이 작동하는 방식이다. 그런데 바로 이 종교센터의 음모론 주장이 바로 미국의 의사당 난입 사건을 일으킨 집단의 주장과 동일하다. 동일한 정도가 아니라 그 주장을 그대로 차용해서 쓰고 있다. 이러한 음모론 주장은 10여 년 이상 오래된 주장이고 인터넷 등지에서 끊임없이 재생산이 되고 있다. 이러한 주장들이 한 집단에 소속되었을 때 이것은 진실이 되어버리고 우리 인간의 이성과 자유의지는 아주 쉽게 약 70% 확률로 마비될 수밖에 없다.

인간의 이런 경향은 회사에서 기업에서 일반적인 사회활동에도 똑같이 나타난다. 우리가 한 회사에, 그 회사내의 부서에 소속되었을 때 조직의 논리, 그 회사의 논리를 따라갈 수밖에 없고 그것이 내가 살 수 있는 본능적인 선택이란 것이다.

부서와 부서 간의 갈등, 회사와 회사 간의 갈등 또 회사와 소비자와의 갈등 이런 것들이 한발 떨어져서 보면 말도 안 되는 주장인데 왜 저런 주장을 하지? 라고 느낄 때가 있다.

정작 그 집단에 소속된 사람들은 이러한 사실을 모르는 것이다. 남양 유업의 불가리스 사태가 이런 점을 아주 잘 보여 준다. 남양유업은 코로나19 사태가 지속되었을 때 갑자기 기자 회견을 한다. 불가리스 유산균이 코로나19 바이러스를 효과적으로 사멸시킨다는 놀라운 발표였다. 불가리스 발효유를 주입한 신종 코로나바이러스의 77.8%가 사멸했다는 내용이었다.

그 다음 날부터 불가리스 품절 사태가 일어나고 시장에 대혼란이 일어났다.

그러나 이는 제품을 실제로 마셨을 때 신체 내 바이러스가 줄어드는지에 대해서는 검증하지 않은 실험 결과다. 사실 위스키에서도 바이러스는 죽고 식초에서도 코로나19 바이러스를 넣어도 사멸은 일어난다. 그런데 코로나 19는 호흡기 질환이다. 코와 입을 통해 호흡기로 침투하는 질병이지 소화기 질병이 아닌 것이다.

남양 유업의 주장대로라면 식초를 마시거나 독한 술을 마셔도 코로나19 균이 죽는다는 주장과 다를 바가 없다. 결국 식품의약품안전처는 남양유업을 식품표시광고법 위반 혐의로 경찰에 고발했고, 서울경찰청 금융범죄수사대는 남양유업 본사와 세종연구소 등 6곳을 압수수색했다. 세종시는 남양유업 세종 공장에 2개월 영업정지 행정처분을 내렸다. 경영진이 물러나고 사과도 했지만 결국엔 회사 자체가 사모펀드에 매각돼 버린 지경에 이른 것이다.

상주 열방 센터와 미국 의회를 난입한 트럼프 지지자들이 세계를 지배하는 음모론을 철석같이 믿듯이 남양 유업의 경영진들이나 관계자들도 불가리스의 효용을 믿었을지도 모른다. 집단동조심리는 이렇게 인간의 이성을 무너뜨리고 급기야 회사마저 위태롭게 만든다.

내집단의 도덕률

인간은 대부분 이쪽 편에 가면은 이쪽 편의 논리대로 이야기하고 또 그 반대편 진영이라면 정반대 논리로 이야기하기 십상이다. 인간은 자기의 이익에 따라서 논리를 바꾼다. 그런데 놀랍게도 이것도 본능이며 옥시토신 호르몬과 아주 밀접한 관계가 있다. 항상 선거철이 되면 그리고 정치 문제나 모든 문제에 있어서 진영논리가 문제가 된다. 진보에서 보수로 보수에서 진보로 이리저리 철새처럼 이동하는 정치인들을 많이 본다.

그런데 더 이상한 것은 극좌파라 불리던 급진세력이 보수 쪽에 가면 극우파가 되어 버리고 그 반대 현상도 일어나는데 그냥 진영만 바꾸는 게 아니라 자신의 신념과 가치관이 통째로 바뀌는 현상을 보게 된다. 진영을 바꿈으로 인해서 오직 자기 진영이 유리한 논리만을 만들어내고 과거의 자신의 생각과 신념은 연기처럼 사라지는 이상한 현상을…. 그러나 그것이 자기 자신의 이성과 자유의지의 선택처럼 보이지만 만약 본인도 잘 모르는 본능에 의한 작용이라면 인간의 자유의지는 어떻게 된 것일까?

그렇다면 옳고 그름의 기준은 무엇일까? 진영이 바뀜에 따라 가치관이 왜 그렇게 손쉽게 바뀔까? 선과 악의 기준이 있기나 할까? 무엇이 선이고 무엇이 악일까? 이 사회의 일반적인 기준으로 악이라 부를 수 있는 것은 살인하고 훔치고 다른 사람의 물건을 빼앗고 사기 치고 성폭행을 하고 해서 이 사회의 질서를 망가뜨리는 것으로 볼 수 있다. 그런 사람은 이 사회의 질서와 근간을 흔드는 사람으로 감옥에 가고 사회에서 분리된다.

그런데 그런 행위가 용납되고 받아들여지고 심지어는 권장되는 경우가 있을까? 놀랍게도 전쟁이라는 특수한 상황이 되면 그런 일들이 일상적으로 일어나고 그것이 적에게 행해질 때 당연한 것으로 받아들여진다. 내 편에 속하지 않은 타 집단, 특히 내 편의 사람을 죽이고 폭행하고 물건을 빼앗고 심지어 성폭행까지 저지른 적들은 같은 방법으로 되돌려 주는 것이 전쟁이다. 그리고 그런 행위에 대해 훈장을 주고 칭송하는 것이 국가다. 많은 역사에서 우리 인간은 그렇게 살아왔다. 지금 중동에서 벌어지는 많은 전쟁과 테러의 참상이 그러하다. 특히 중동의 전쟁은 종교라는 특수한 집단의 충돌로 인해서 선과 악이 선명하게 교차하는 것을 목도한다.

서로 자기가 믿는 신을 위해서 신의 정의를 위해서 그런 끔찍한 범죄를 저지르고 순교한다. 그리고 그것이 절대선이라고 굳게 믿는다. 중세의 십자군 전쟁이 그러했다. 예루살렘을 이교도의 피로 강물처럼 흐르게 했으며 그것을 신의 뜻으로 굳게 믿었다. 여기서 바로 내집단의 도덕률이 출발한다. 내가 속한 집단이 내(內)집단 인그룹

(in-group)이다. 그리고 내가 속하지 않은 그룹이 외(外)집단인 아웃 그룹(out-group)이다. 내가 속한 집단의 이익을 위한 도덕 이게 바로 내집단의 도덕률이다. 즉 내집단에 있느냐 외집단에 있느냐에 따라 선과 악의 기준이 선명하게 교차한다.

문화인류학자들이 원시부족들을 조사해 봤는데 원시부족들은 한 집단의 크기가 대개 150명을 넘어가지 않는다고 한다. 그 이유는 인간의 두뇌 크기 때문이다. 하며 인간이 한 집단 내에서 일일이 기억할 수 있는 숫자의 한계가 약 150명이라는 것이다. 영국 옥스포드대학의 신경과학 연구소장인 로빈 던바 교수가 이런 연구 결과를 발표하여 이제는 그런 집단의 크기를 '던바 서클' 또는 '던바스 넘버'라고 한다. 즉 원래 내집단은 150명 범위 내에서 작동된다는 것이다. 그래서 회사도 조직도 점점 커지면 150명 기준으로 본부나 지점 등으로 분리하는 것이 좋다고 한다.

다른 부족과 전쟁이 일어났을 때 외집단의 다른 부족은 자신들 내집단의 안녕을 위해서 전쟁 범죄를 잔인하게 저지른다. 그리고 전쟁에 승리했을 때 기쁨에 겨워서 축제를 하고 조상님에게 감사 제사를 지내는 것이 많은 부족들의 전통이다. 그러나 그 반대편의 외집단의 입장에서는 전쟁범죄에 불과한 것이며 절대악인 것이다. 2차 세계대전 당시 끔찍한 전쟁 범죄를 저지른 나치독일과 연합군의 관계도 내집단과 외집단의 충돌로 바라볼 수 있다. 우리의 뇌는 바로 그렇게 진화되어 온 것이다. 즉 나의 집단에 유리한 것 이것이 바로 선이다. 그것을 위해서 논리를 만들어 내고 우리의 전두엽은 그것을 설명해 내는 그런 기능만 하는지도 모른다. 즉 우리가 일반적으로 이야기하는 진영논리 이것은 우리의 본능으로 봤을 때 내집단의 도덕률이라고 볼 수가 있다. 문제는 이 내집단의 크기가 현대로 오면서 점점 커지고 그리고 국가 단위로 커지면서 더 큰 전쟁 더 잔인한 전쟁이 발생한다. 전쟁의 양상도 옛날에는 바로 눈앞에서 사람을 죽이고 눈앞에서 전쟁을 하는 근거리 전쟁, 대면 전쟁이었다면 지금은 보지도 않고 멀리서 스위치 한 방으로 상대방을 초토화시켜 버리는 원거리 전쟁 비대면 전쟁으로 바뀌고 게임 같은 전쟁이 일상화되면서 전쟁 범죄라는 도덕적 양심적 가책에서 자유로워진다.

그럼으로써 인간은 점점 더 잔인해지고 내집단의 도덕률이 더 강화되는 현상을 우리는 볼 수가 있다.

내집단 내에서 작동되는 호르몬이 바로 옥시토신이다. 옥시토신은 행복 호르몬, 관계 호르몬, 출산 호르몬 등 여러 가지 별명이 많은데 이 옥시토신이 바로 이 내집단의 도덕률에서 작동되는 호르몬이기도 하다. 놀랍게도 옥시토신 수치가 높은 사람은 내집단의 도덕률이 강하고 그 사회를 위해서 헌신하고 평화롭게 살고 있지만 외집단에 대해서는 아주 냉혹하고 이기적으로 행동한다. 옥시토신 수치가 너무 낮으면 타인과의 관계를 잘 맺지 못하고 타인을 믿지 못하는 의심증이 생긴다. 또 자신의 아이를 잘 돌보지 않고 애착 본능에 문제가 생긴다. 내집단의 도덕률에 문제가 생긴 것이다.

그런데 옥시토신을 비강 스프레이로 개발한 제품이 있다. 놀랍게도 그런 사람의 코에 옥시토신을 뿌려 주면 아이에 대한 애착도 높아지고 의심증도 사라지면서 다시 내집단의 구성원으로 충실한 사람으로 변모한다. 진영 논리에 뛰어나고 본인이 속한 집난에서는 아주 좋은 인간관계를 보이지만 타집단에 대해 냉혹한 사람은 아마도 옥시토신 수치가 아주 높은 사람일 수 있다. 그렇다면 인간의 자유 의지라는 것은 과연 무엇일까? 내집단의 이익을 위한 본능이 우선이고 뇌는 그것을 설명하고 논리를 만들어 내는 것이라면 인간의 이성은 무엇으로 설명할 수 있을까?

흑백논리의 뇌

우리 인간은 이 세상을 흑과 백, 남과 여, 또는 내 편과 네 편, 선과 악, 천당과 지옥, 이렇게 둘로 나누어서 생각하고 보는 경향이 있다 특히 트럼프 전 대통령 같은 사례에서 그 극단을 볼 수 있는데 트럼프 같은 사람들의 부류는 이 세상을 강력하게 이분법적으로 나누어서 생각한다. 트럼프 전 대통령은 이 세상을 내 편과 네 편, 미국을 지지하는 국가들과 지지하지 않는 국가들로 나누어서 생각하고, 미국에 서있는 편은 다 선한 편, 미국 편에 서지 않는 국가는 전부 다 악의 편으로 생각하는 내집단의 도덕률이 강하게 발달되어 있다. 그래서 '반대편에 대해서는 극단적인 조치를 취해도 좋다'라고 생각을 한다. 그뿐만이 아니라 미국 백인과 흑인의 갈등 같은 국가 내 사건도 집단을 나누어서 바라보고 판단한다. 경찰이 검문 중에 흑인의 목을 졸라 죽인 조지 플로이드 사건도 흑백의 대결로 보려고 하는 그런 경향이 매우 강하다.

즉 백인은 선이고 착하고 옳고 흑인은 나쁘고 더럽고 죽어도 괜찮다는 그런 무의식이 본능 속에 있는 것이다. 제노사이드라 불리는 대량학살은 바로 이런 이분법적 사고에서부터 시작한다. 나치 독일의 유태인 학살이 그러했으며 아프리카 르완다의 투치 족과 후투족의 갈등으로 10일간 100만 명 이상이 학살당한 비극이 그러했다.

그런데 사실은 트럼프뿐만이 아니라 우리 인간 모두가 그런 경향을 가지고 있는지도 모른다. 이런 것들이 극대화되는 경우가 바로 전쟁이다. 전쟁시에는 아군과 적군이 극단적으로 갈리고 오직 흑백 논리만이 있다. 우리 국가의 안녕을 위해서 적대국의 목숨은 마구 죽여도 되는 것이 바로 전쟁이고 또 내가 죽어야 하는 상황에서 그 순간에는 살인에 대해 크게 죄의식을 느끼지 못한다.

우리 인간은 아주 옛날부터 진화되어 온 우리의 뇌 구조 때문에 이 세상을 이렇게 둘로 나누어서 보는 경향이 생겼다. 우리 뇌는 크게 삼중구조로 되어 있다. 맨 바깥을 대뇌피질이이라고 하는데 바로 이 대뇌피질에 전두엽을 포함하고 있다. 앞 전(前)자 머리 두(頭)자 즉 머리 앞에 있는 전두엽 때문에 우리 인간의 고유한 능력 즉 이성과 공감능력, 타인과 좋은 관계를 맺을 수 있는 관계능력 이런 것들이 생긴다고 한다.

그러나 전두엽 바로 안쪽에는 변연계라고 하는 부분이 있는데 여기서 두뇌피질과 협력하여 인간의 본능과 분노 같은 원시감정, 서열 같은 욕망을 관장한다. 쥐나 고양이나 개나 모두 이 두뇌피질 안쪽에는 인간과 동일한 작동을 한 그런 뇌를 가지고 있다. 바로 이 부분 때문에 우리 인간은 세상을 둘로 나누어서 보는 것인지도 모른다. 이 변연계 안에 편도체라는 부분이 있는데 이 편도체는 본능에 매우 민감하다. 편도체야 말로 이 세상을 흑과 백으로 보게 하는 그런 결정적인 역할을 한다. 화가 나면 이성을 잃어버리는 사람을 볼 수가 있는데 편도체가 흥분을 하고 변연계에 혈류가 몰리며 이성을 관장하는 전두엽에 허혈(혈액이 빠져나가는 현상)이 일어나기 때문이다. 매우 기쁘고 즐거우면 세상이 다 좋아 보인다. 변연계 안에 편도체가 활성화되어 있는 것이다. 편도체는 바로 인간의 감정 중에서도 선과 악, 좋고 나쁨, 화냄과 그리고 평온함, 이런 것들을 관장하고 있다.

물론 편도체가 단독으로 그런 역할을 한다기보다는 뇌의 다른 부분과 협력하여 그런 현상이 일어나는데 편도체가 중심 역할을 한다는 의미이다. 편도체가 있는 변연계는 중간지대라는 것은 없다. 그러나 이성을 관장하는 전두엽에선 중간지대와 관용과 용서 같은 고차원적인 생각을 한다. 그러나 변연계가 우리 뇌의 주축이 되는 순간 전두엽은 그 기능이 제한된다. 본능과 번식과 생존에 최적화된 변연계 안의 편도체는 이 세상을 흑과 백으로 나눠서 본다. 문제는 사람마다 편도체에 대해서 강력한 통제력을 갖고 있는 사람이 있는 반면에 또 그렇지 않은 사람도 많이 있다는 것이다. 이것이 분노 조절 장애의 근본 원인이며 본능에 사로잡힌 사람들이다.

전두엽이 발달되어 있는 사람이 편도체에 대해서 강력한 통제권을 갖고 있는 것이다. 전두엽은 여러 가지 역할을 하는데 변연계와 협력하여 공감능력에 관여하기도 하지만 체계화에 뇌라고 해서 일을 순서대로 하고 판단하는 능력도 가지고 있다. 트럼프 대통령의 경우에는 이 전두엽의 체계화의 능력, 즉 일을 순서대로 하고 이를 판단하고 사리분별을 하는 능력은 뛰어나지만 공감 능력은 매우 떨어지는 사람으로 알려져 있다. 앞으로 깊게 다룰 예정인 나르시시스트의 요소를 두루 갖추고 있다. 이런 사람은 다른 사람이 아픔을 내 아픔으로 느끼지 못하고 오로지 나의 이익을 위해서 무엇이든지 할 수 있는 그런 유형의 사람으로 분류되고 있다. 바로 이런 스타일의 사람이 편도체의 지배를 받는 유형이고 세상을 둘로 나눠서 보는 경향이 매우 강하다. 그래서 이런 사람은 세상을 흑과 백으로 보고 그리고 적군과 아군으로 나누어서 보고 아군 편은 전부 다 선이고 무슨 짓을 하든지 다 옳고 심지어 사람을 죽여도 그것은 옳은 일이 된다.

그러나 다른 편은 전부 다 악이며 무슨 일을 하더라도 무조건 나쁜 것으로 보는 경향이 있다. 그야말로 내집단의 도덕률이 극단적으로 발달한 사람이 되는 것이다. 이런 사람이 지도자가 되면 세상이 매우 위험해진다. 세상을 선과 악, 내편과 네 편으로 나누고 전쟁도 불사하려고 한다. 역사적으로 전쟁을 일으켰던 지도자들이 이런 경향이 매우 큰 사람으로 볼 수가 있다.

대표적으로 징기스칸, 히틀러가 있다. 그런데 우리 사회에서도 이런 경향의 사람들을 종종 볼 수가 있다. 이런 흑백 논리가 극단적으로 나타나는 것이 정치 논리 이외에도 있는데 바로 종교이다. '신을 믿지 않으면 지옥에 떨어지고 신을 믿으면 천당으로 간다' 이게 바로 이분법적 사고이며 흑백논리이다.

전 세계의 많은 종교들이 천당과 지옥으로 나누는 이분법적 구조는 오래전부터 진화되어 온 뇌의 역할이었으며 인간이 가진 강력한 인지 경향이 되었다.

레비스트로스의 이원적 대립구조

구조주의 창시자 레비스트로스의 기본 사상은 세계 자체가 이분법적인 구조를 갖고 있다는 것이다. 그래서 인간의 사고도 세계를 반영해 이분법적이라는 것이다. 뇌과학과는 정반대의 생각이다.

뇌과학에서는 인간의 뇌가 세상을 이분법적으로 사고하게 만들었다고 보는데 구조주의는 정반대로 해석하는 것이다. 어쨌든 둘 다 인간은 세상을 둘로 나누어 대립시키려는 강력한 경향을 갖고 있다는 점에서는 동일하다. 구조주의에서는 이를 '이원적 대립'이라고 하는데, 세계를 구성하는 이원적 요소의 대립 속에서만 의미가 발생한다는 게 구조주의의 기본 생각이다. 그가 연구한 보로로 부족들은 마을을 수직으로 가로지르는 하나의 선에 의해 두 개의 집단으로 나뉘었는데 이 선 북쪽에 사는 사람들은 '세라', 남쪽에 사는 사람들은 '투가레'라고 불렸다. 세라는 '약하다는 뜻이고 투가레는 강하다는 뜻이다. 즉 서로 이원적 대립 상태에 있었다.

그는 결혼, 장례, 종교 등 그들의 문화를 이 선에 의해 나누어진 이원적 구조로 분석해 내고 세상과 인간의 사고가 원래부터 이분법적 대립 구조라고 주장하였다. 이런 구조주의는 훗날 언어학 종교학, 철학 등에 큰 영향을 끼쳐서 세상을 이항 구조로 이해하는 출발점이 되기도 하였다.

더닝쿠르거 효과

코로나19 팬더믹 초기에 어떤 사람들은 방역당국이 무료로 검사해 주고 무료로 치료를 해 주겠다고 빨리 와서 검사를 받으라고 해도 도망가 버리거나 검사를 받지 않으려고 발버둥치는 사람들이 있었다. 도대체 이 사람들은 어떤 생각이었길래 이런 행동을 했을까? 그 이유를 밝혀주는 논문이 있다. 심리학자 저스틴 크루거와 데이비드 더닝이 발표한 유명한 논문인데 "무지하면 자기가 무지하다는 걸 모른다"는 것이다. 어떤 사람들은 도저히 과학적으로 근거가 없는 것을 믿고 심지어 그것을 추종까지 한다. 예를 들면 아직도 지구가 평평하다는 사실을 줄기차게 주장하고 또 단체까지 만들어 활동하는 사람들이 있다. 그 수가 적지 않고 미국이 그 본거지이기도 하다.

유튜브 같은 데서 지구 평평설을 주장하는 동영상을 우연히 한번 보면 지속적으로 비슷한 동영상을 추천해 주는데 정말 과학적으로 전혀 말도 안 되는 이야기를 확신에 차서 주장을 하는 동영상이 많이 있다고 확증편향 편에서 밝힌 바가 있다. 그들에게 어떤 과학적인 설득도 소용없고 우주선에서 찍은 지구 사진을 보여줘도 믿지 않는다. 전부 미국 정부와 NASA가 만든 음모라는 것이다.

코로나19 팬더믹이 지구를 휩쓸고 사망자가 속출하고 있어도 그런 전염병 자체가 존재하지 않고 일반 독감에 불과하다고 주장하며 일부 국가의 음모설을 퍼뜨린다. 심지어 코로나19 백신이 세계를 지배하기 위한 음모라며 주사를 맞으면 그들에게 뇌를 조종당한다는 음모론 동영상이 인터넷을 떠돌고 있다. 심지어 그 배후에 빌 게이츠가 있다고 자신 있게 주장한다. 코로나19 확진자와 접촉했기 때문에 무료로 검사를 받으라 해도 숨어 버리고 백신 주사를 맞으라고 해도 음모론 이야기를 하면서 기피하는 이상한 믿음을 가진 사람들 이 사람들은 도대체 왜 그런가?

더닝과 크루거의 논문에 의하면 자기 능력이나 자기의 지식이 최하위에 있는 사람은 반대로 자기에 대한 믿음이 최고에 있기 때문에 그렇다고 한다. 이 실험을 간단히 요약하면 다음과 같다. 사람들을 능력과 지적수준 지식 등을 기준으로 네 집단으로 분류를 했는데 최상위 상위 하위 최하위 능력을 이렇게 4등급으로 나누었다. 그리고 자신의 능력에 대해 스스로 평가를 하도록 했는데 놀랍게도 이 4가지 그룹 중에 최하위 집단이 자신의 능력을 과대평가하고 있었다는 것이다. 이 곡선이 이게 바로 더닝 크루거 곡선이라는 것이다.

더닝 - 크루거 곡선

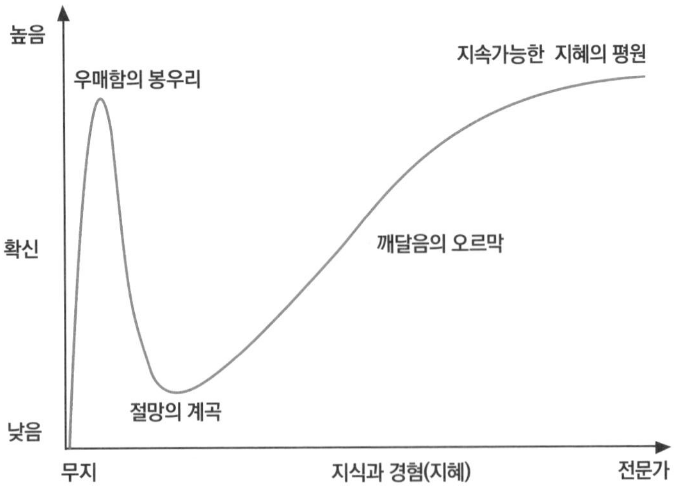

가로축이 지적 능력의 수준, 세로축이 자기확신, 자기의 믿음에 관한 것이다. 가로축에서 자기의 능력, 자기의 지식이 적을수록 자기확신은 최고조에 달하는 것을 알 수가 있다. 그러다가 조금 지식이 생기면 "아 내가 아는 게 정말 없구나" 하고 절망의 골짜기에 빠졌다가 다시 점점 자신감이 회복되는 곡선을 볼 수 있다. 우리 속담에도 이런 게 있다. 잘 익은 벼가 고개를 숙인다.

또 빈 깡통이 소리가 요란하고 빈 수레가 소리가 요란하다. 이 논문은 그런 사실을 강력하게 뒷받침 해주고 있다. 빈 깡통이 소리가 요란하고 자기 주장이 강한데 그 내용은 아무것도 없고 주변 사람들과 갈등만 일으키는데 그 주장을 잘 살펴보면 오히려 개그에 가까운 이런 내용들이 허다하다. 그런데 본인은 그걸 진리라고 믿고 갈등의 원천이 되고 있다.

이 세상에서 제일 무서운 사람이 책 한 권 읽고 그것이 진리라고 주장하며 진리를 깨달았다고 하는 사람이라는 말이 있다. 더닝과 크루거에 의하면 바로 자기 능력이니 자기의 지식치가 최하위인 사람이 자기확신이 최고조에 달하는 그런 경우라고 해석해 볼 수도 있다. 그런 사실을 안다면 쓸데없는 논쟁을 피하고 갈등을 줄여 나갈 수 있을 것이다. 그런데 이런 사람들은 아주 잘못된 결론을 내리고 굉장히 불리한 선택을 할 뿐만 아니라 자기가 그런 상황 있다는 사실조차 모른다는 것이다. 어떤 설득도 잘 먹히지 않고요 방역 당국이 무료로 검사해주고 치료해 주고 무료로 백신 주사를 놔준다고 해도 국가의 음모라도 주장하며 스스로 불리한 선택을 한다.

귀인오류

갈등을 일으키는 사람들 중엔 내로남불이 매우 심한 경향이 있다. "내가 하면 로맨스 남이 하면 불륜" 나에게는 한없이 관대하면서 남에게는 작은 실수도 용납하지 않는 사람들을 가리킨다. 나와 다른 사람을 바라보는 기준이 다른 것을 심리학에서 귀인오류라고 한다. 예를 들어 보자. 회사에서 김 대리가 출근에 조금 늦었다. 그러면 윗사람은 십중팔구 이런 판단을 하기 십상이다.

"김 대리는 너무 자주 늦네. 시간관념이 없고 성실성이 떨어지는 거 아니야?"라고 판단할 확률이 높다. 그런데 사실 오늘 김 대리가 늦은 일을 살펴보면 눈이 많이 와서 버스가 대단히 늦게 왔을 수도 있고, 서울의 전셋값이 워낙 비싸기 때문에 경기도 먼 곳에서부터 외곽 순환 버스를 타고 와야 되는데 아무리 일찍 나와도 버스가 만원으로 지나가 버렸을 수도 있을 것이다. 즉 김대리의 성실성이나 김 대리의 개인적인 성향과는 관계없이 사실은 외부적인 원인에 의해서 지각을 하게 되었는 데 그 직장상사는 그 사람 내면의 문제 즉 시간관념이나 성실성 등 인성의 문제로 귀착시킨다. 즉 사건의 원인을 찾아가는데 오류를 일으키는 것 이것이 귀인 오류이다.

'귀인'이란 말이 어려운 말 같지만 영어로 어트리뷰션(attribution) 바로 '어떤 원인 때문에' 라는 뜻이다. 그 귀인 '인'이 바로 원인할 때 쓰는 원인 인(因) 자고 '귀(歸)'자가 '어디 어디에 귀의한다. 어떤 원인에 돌아간다.'에서 쓰이는 단어다. 즉 그 원인이 뭐냐? 뭣 때문에 그

일이 일어났느냐? 라는 게 바로 귀인(歸因)이다. 우리가 다른 사람을 판단할 때 저지르는 가장 기본적인 오류가 그 원인이 그 사람 내부에 있다고 판단을 하는 것이다. 이게 기본적인 귀인 오류다.

그러나 내가 잘못했을 때는 내 잘못이 아니고 외부환경 때문에 어쩔 수 없이 일어났다고 생각하는 것, 이처럼 자신이나 타인의 행동에 대해 원인을 찾으려고 하는 것을 '귀인'이라고 한다. 하이더(Heider)라는 학자는 행동의 원인을 내부 귀인과 외부 귀인으로 구분했다. 내부 귀인은 행동의 원인을 성격, 기질 등 내부적인 차원에서 찾는 것이며, 외부 귀인은 환경, 상황 등의 외부적인 차원에서 찾는 것이다.

여기서 바로 내로남불이 나오는 것이다. 내가 하면 로맨스. "어쩔 수가 없었다, 상황이 이렇게 사랑하게 만들었다, 이것은 정말 사랑이다"라고 이야기하고 남이 하면 불륜이다. 저놈은 정말 못된 놈이고 인성이 되먹지 못했다 라고 이야기를 하게 된다. 아주 전형적인 귀인오류인데 우리 인간은 언제나 이런 오류 속에서 살고 있다. 그리고 이 귀인오류를 아주 잘 하는 사람이 바로 서열 본능이 강한 사람이다. 서열 본능이 강한 사람은 타인이 외부 환경 때문에 어떤 일이 발생했다고 하면 그 사건에 대한 통제감이 떨어진다.

예를 들면 김대리의 지각은 김대리 내면의 문제가 아니고 지하철 사고 같은 불가항력적 외부적 환경 때문이라면 김대리에 대한 통제감은 떨어질 수밖에 없는 것이다. 그런데 그건 네 문제야! 이러면 나의 통제감이 올라가고 내가 그 사람을 통제하는 기분이 든다. 즉 심리적 서열이 올라가는 것이다. 이와 반면에 공감 능력이 뛰어난 사람은 오히려 그 원인을 나에게 돌린다. "아 모든 건 나 때문이야"라고 자책한다. 그래서 공감 능력이 너무나 뛰어난 사람은 이 원인을 다른 사람한테 돌리지 못하기 때문에 모든 아픔을 내가 안고 가게 된다. 귀인오류를 피하는 가장 중요한 방법이 있다. 그것은 그 사람에 대한 판단을 즉각적으로 하지 않는 것이다.

귀인오류는 순간적, 즉각적으로 일어난다. 본능적으로 그렇게 된다는 것이다. 그래서 그 사람에 대한 판단을 1~2시간 후에 또는 하루 뒤에 하는 것으로 보류할 필요가 있다. 그러면 본능에서 벗어나 전두엽이 이성을 찾기 시작한다. 주변 상황이 보이기 시작하고 그 상황을 정확하게 볼 수 있고 그 사람이 처한 상황을 이해할 수가 있는 것이다. 그렇지 않으면 갈등만 증폭될 것이다.

특히 회사와 조직에서 이런 자세가 대단히 중요하다. 만약에 그 사람에 대한 귀인오류가 한 번 일어나고 두 번 일어나서 이것이 고착화된다면 확증편향–한번 내가 그런 믿음을 가지면 그 믿음을 잘 바꾸려고 하지 않는 경향–에 빠지고 돌이킬 수 없는 오류를 일으키게 되는 것이다. 특히 서열본능이 강한 사람은 시간을 두고 타인에 대한 판단을 해 볼 필요가 있다. 바로 리더에게 필요한 자질이다. 사실 리더들은 굉장히 외롭다. 외로울 뿐만 아니라 아랫사람이 와서 듣기 좋은 얘기만 하고 리더에게 유리한 이야기만 건넨다.

그러다 보면 귀인오류라는 확증편향에 빠지기가 쉽다. 리더는 아랫사람들을 올바르게 볼 자질이 필요한데 그중에 필요한 게 바로 귀인오류의 확증편향에 빠지지 않는 방법 즉 시간을 두고 상황을 판단하라는 것이다. 단 30분이라도 좋다.

시간이 흐르면 나의 뇌 속에서 뉴런과 뉴런 사이에 여러 가지 연결이 일어나면서 새로운 판단이 일어난다. 특히 리더들은 서열본능이 강한 사람이 많은데 이런 사람일수록 자신의 문제는 내부 귀인을 하지 않고 외부 귀인을 하게 되는 경향이 강하다. 내 잘못이야 이건 나한테 원인이 있었어 라고 자신의 잘못을 인정하려 하지 않는다. 왜냐하면 바로 나의 잘못을 인정하는 순간 심리적 서열이 떨어지고 리더로서 위치가 추락할 것 같은 느낌을 본능적으로 느끼기 때문이다.

그리고 공감본능이 너무 강한 사람은 너무 자기 자신에게 귀인할 필요가 없다. 자기 자신에게 지나친 내부 귀인을 하게 되면 우울증에 빠지고 이 사회에 적응하기가 힘들어진다.

그래서 오히려 공감 능력이 뛰어난 사람은 다른 사람의 탓을 한번 해 볼 필요도 있고 자기 자신한테 빠지는 것을 경계할 필요가 있다. 확증편향이 귀인오류(attribution error)와 결합했을 때 굉장히 무서운 결과가 일어날 수 있고 갈등이 심해질 수 있다. 대인관계에서 회사에서 조직에서 진정한 리더라면 이것을 경계할 수 있을 때 세상을 바로 보고 다른 사람들과의 갈등을 조금 줄여 나가고 의견충돌을 좀 줄여 나갈 수 있지 않을까 기대해 본다.

결정장애

갈등을 일으키는 요인 중에 하나로 결정장애를 꼽을 수 있다. 신혼여행 간 첫날밤 다급하게 아들이 엄마에게 전화를 한다. "엄마 첫날밤 어떻게 해야 되는 거야"라고 꼬치꼬치 물어 본다는 우스개 이야기, 실제 직장에서 대학에서 일일이 부모의 코치와 조언을 구하는 사람들이 늘고 있고 그것이 크고 작은 갈등으로 발전하기도 한다.

결정장애가 일어나는 원인은 크게 두 가지로 볼 수 있다. 첫 번째는 너무 풍족하기 때문에 선택의 폭이 너무 많기 때문에 일어난다. SNS로 물건을 살 때도 비슷비슷한 가격에 비슷한 품질의 물건들이 여러 브랜드로 수십 가지가 나온다. 인류 역사상 이런 적은 처음이다, 인류가 이런 것을 경험한 지는 불과 수십 년이 안 되었다. 과거에는 공급이 부족하고 수요가 많았다.

제품의 종류도 다양하지 못했다. 일부 부유층과 특권층을 제외하곤 그저 생존에 필요한 물품만으로도 행복했다. 그러나 과학과 산업이 발달하면서 인간은 매 순간마다 다양한 선택의 기로에 선 것이다. 석기시대부터 수십만 년 동안 없었던 환경에 맞닥뜨린 인류는 누구나 가벼운 결정장애를 경험한다. 자연계의 동물들이 이것을 역이용하는 경우도 있다. 물고기가 수만 마리 수십만 마리가 집단 유영을 하거나 새가 수만 마리 또는 심하게는 수백만 마리가 군무를 하는 경우가 그것이다.

저렇게 떼를 지어서 다니면 포식자들에게 눈에 더 잘 뜨이고 더 잘 잡아먹히지 않을까? 하지만 사실 뭉쳐서 다니면 포식자의 사냥 성공률이 떨어진다고 한다. 즉 한 마리만 있을 때는 집중적으로 목표물에 집중을 할 수가 있지만 수십 마리 수백 마리 수천 마리가 한꺼번에 지나가면 오히려 뇌에서는 혼돈을 일으켜 집중할 수 없다고 한다.

즉 목표물에 집중을 하다가 다른 개체가 지나가면 그곳으로 시선이 분산되고 또 다른 게 나타나면 또 시선이 분산되고 이러다가 보면 정확하게 한 마리에 집중하는 게 불가능하여 사냥 성공률이 떨어진다고 한다. 현대인들은 너무 많은 선택 속에 군무를 하는 물고기나 새들을 보고 고민하는 포식자의 위치에 있다고 보면 아주 정확할 것 같다. 선택할 것이 너무나 많기 때문에 한 가지에 집중을 못하는 것이다. 회사에서도 역시 마찬가지이다. 여러 가지 프로젝트가 한꺼번에 발생이 되면 하나에 집중을 하지 못하고 이것저것 하게 되다가 결국은 다 망쳐 버리는 그런 일이 왕왕 벌어진다. 마케팅에서 선택과 집중을 강조하는 데에도 이유가 있는 것이다. 대기업들도 계열사를 무작정 늘려 가다가 그룹 전체가 망해 버린 사례를 자주 볼 수 있다.

결정장애를 일으키는 두 번째 원인은 요즘 현대인들이 성장하면서 자기 스스로 결정을 해 본 일이 많지 다는데 있다. 자녀 숫자가 적기 때문에 부모가 다 결정해 주고 알아서 다 길을 열어 주고 아이들은 그 길을 그냥 걸어가기만 하면 되니 스스로 선택하고 개척하는 경험이 많지 않다. 사실 우리 기성세대들이 어렸을 적에는 굉장히 배고프고 교육의 질도 낮았을지 모르겠지만 형제들이 워낙 많고 학생들이 많았기 때문에 위에서 일일이 길을 제시해 줄 수가 없었다.

심지어 서울의 초등학교 학생 수가 한 반에 80명에서 100명이 되는 학교도 있었다. 선생님이 일일이 학생을 기억할 수도 없었고 또 일곱 여덟 명 심지어 10명 이상 되는 가족들이 아주 흔했다. 부모들이 자식에 대해서 일일이 간섭을 하고 결정을 해 줄 수 있는 환경이 되지 않았다. 그 시대에는 그냥 스스로 알아서 공부하고 알아서 놀고 스스로 결정하는 그런 시대였었다.

지금 돌이켜 생각해 보면 오히려 그것이 진정한 교육이 아니었나 싶다. 스스로 결정하고 스스로 판단하는 것은 심리적 서열을 높이고 뇌를 발달시키는 지름길이라는 것을 바로 현대 뇌과학이 밝혀냈기 때문이다.

현대의 아이들은 굉장히 풍족하고 교육환경도 좋고 아주 좋은 학원에서 배우지만 자기 스스로 결정하는 것이 거의 없다시피 하다. 모든 것을 다 부모님이 결정해 주고 선생님이 결정해 주고 아이들은 그 꽃길을 걸어가기만 하면 되는 것이다. 뇌과학적으로 보면 통제와 간섭 속에 아이들이 자라게 되는 것이고 이렇게 자라게 되면 스스로 결정할 수 있는 능력이 없어지는 것이다. 그래서 아까 사례처럼 신혼 여행가서 엄마한테 전화를 하여 첫날밤을 어떻게 보내야 되느냐고 이런 웃지 못할 일도 발생하는 것이 아닐까? 현대 사회는 결정장애의 사회이다. 많은 구성원들이 이런 결정장애에 빠져 있다.

이것은 이길 수 있는 방법은 무엇이냐, 바로 스스로 결정하고 스스로 판단하는 그런 기회를 주는 것이다. 성장기에 부모가 직접 길을 제시하는 것보다는 스스로 판단하고 스스로 결정할 수 있는 기회를 많이 주는 것이 굉장히 중요하다. 또 어느 정도 자라고 나서도 스스로 판단하고 스스로 결정할 수 있는 기회를 가질 필요가 있다. 그럼으로써 결정장애에서 벗어날 수가 있다. 그리고 의견 충돌과 그리고 갈등을 줄여 나갈 수 있을 것이다.

분리

분리

남북한은 6·25이후 분리되면서 갈등이 고조되었다.

기업과 조직에서도 서로 분리된 다른 조직과 갈등이 커진다.

원래 갈등은 이와 같이 시공간과 조직이 분리될 때 더 커지게 마련이다.

그러나 이제는 같은 시공간과 조직에 있으면서 서로 분리되는 시대가 왔다.

미디어와 첨단 기술이 세대 간 계층 간을 분리시키며 갈등을 증폭시킨다.

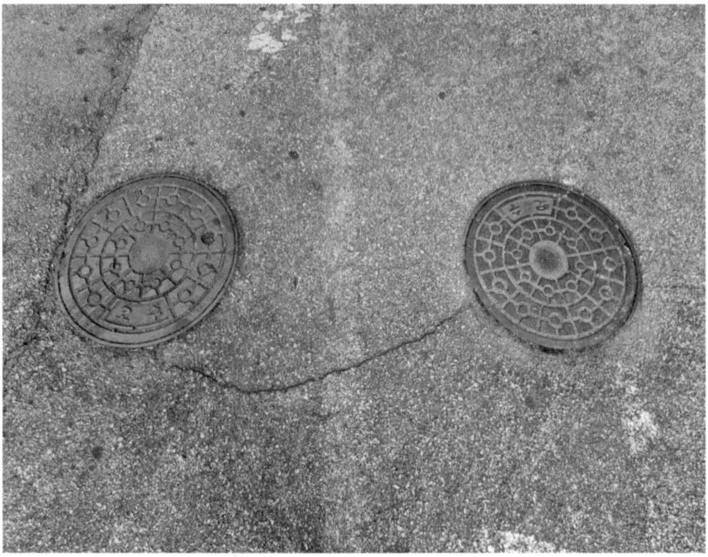

미디어분리

의견 충돌이 일어나고 갈등이 높아져도 그 이견이 좁혀지기는커녕 오히려 더 견고해지는 시대에 살고 있다. 더 놀라운 사실은 IT가 발전하고 SNS가 발전하면 할수록 이 현상은 가속화되고 있다는 것이다. 우리는 분리의 시대에 살고 있다. 진보와 보수가 점점 더 극단적으로 멀어지고 있다. 이런 현상은 우리나라뿐만이 아니라 미국이나 유럽에서도 마찬가지로 전 세계적인 현상이기도 하다.

진보와 보수만이 아니라 이 세상을 바라보는 다른 관점 간에도 이런 현상이 가속화된다. 성에 대한 관점, 남녀에 대한 갈등, 자기 동네에 혐오시설 공사를 하는 문제 등 매우 다른 관점의 사람들 사이에 대화가 통하지 않는 현상을 우리는 종종 목격한다.

앞서 이야기한 서열, 확증편향, 귀인오류 등 여러 가지 이유가 있겠지만 우리는 미디어 분리의 시대에 살고 있기 때문에 그런 현상이 더욱 가속화되고 고착화된다. 20년 전만 하더라도 온 가족이 같은 뉴스를 봤다. 아버지와 모든 식구들이 MBC 뉴스데스크, KBS 9시 뉴스 같은 전통적인 뉴스를 동시간에 동일 공간에서 함께 시청을 하였다. 그런데도 불구하고 의견 차이가 갈렸다. 전쟁을 겪은 기성세대는 지금으로 보자면 태극기 부대에 가까운 극단적인 보수 성향을 갖고 있었다. 그래서 TV에서 학생들이 데모하는 장면이 나오면 "나라가 큰일 났다. 지금 북한이 쳐들어오기 위해서 난리인데 지금 저러고 있을 때가 아니다. 학생들이 저러면 안 된다. 저 빨갱이들이 얼마나 무서운지 몰라서 저러고 있다." 라고 그 학생들을 비난하기 일쑤였다. 그러나 젊은 세대들은 그 자리에서 기성 세대와 반박을 하다가 의견 충돌이 일어나곤 하였다. 그런데 여기서 중요한 것은 기성세대와 새로운 세대가 같은 뉴스 같은 미디어를 보고 있었다는 사실이다. 그런데 지금은 아예 서로 다른 미디어에 노출된다. 동영상 알고리즘은 내 입맛에 맞는 동영상만 골라주고 또 SNS의 단체방에서는 내 입맛에 맞는 뉴스들, 소식들만 보게 된다. 그래서 점점 확증편향이 심해진다. 전에는 같은 뉴스 같은 미디어에 노출이 되었었는데 지금은 아예 접촉하는 매체 자체가 다르다.

더군다나 SNS 매체 자체도 분리가 되고 있다. 선풍적으로 전 세계를 주름잡던 페이스북은 미국을 비롯한 여러 나라에서 이미 꼰대의 매체로 자리잡고 태어나면서부터 스마트폰을 갖고 태어났다는 MZ세대는 인스타그램이나 또 다른 매체에서 활동을 하고 있다. 중국에서는 위챗이 MZ세대에게 가장 인기있는 소통 수단이라고 한다.

그럼으로써 세대별로 분리는 더욱더 가속화되고 소통은 단절되며 완전히 다른 세상에서 살게 되는 것이다. 이것은 대단히 심각한 문제이다. 왜냐하면 인간은 한번 확증편향에 빠지면 그것을 벗어나기가 어렵고 자기의 가치관이 절대 옳다고 생각하기 때문이다. 그리고 다른 관점의 뉴스나 다른 관점의 의견을 전혀 받아들이려고 하지 않는다. 이 확증편향의 무서움으로 인해서 지금 전 세계가 진보와 보수로 극단적으로 갈리고 서로 대화가 되지 않고 심지어 미국의 의사당 진입 난입 사건 같은 극단적인 의견 표출이 일어나는 것은 아닐까? 종교도 같은 시각으로 생각해 볼 수가 있다. 극단적인 종파이거나 이단일수록 외부 매체와의 접촉을 금지시킨다. 예루살렘의 유대교 원리주의자들은 심지어 뉴스 시청도 하지 않고 오직 교단에서 제공하는 내용만으로 세상을 바라보고 이해한다. 이스라엘 백신접종의 가장 큰 난관은 바로 유대교 극단주의자들이었다.

그들은 오직 교단에서만 유통되는 백신 음모론에 편향되어 백신접종을 기피하여 이스라엘 정부가 골치를 썩은 적이 있었다. 다양한 매체를 통해서 다양하게 접근할 수 있다면 종교에 대해서 좀 객관적으로 생각해 볼 수가 있을 텐데 만약에 다른 매체 다른 미디어 다른 의견이 차단된 상태에서 특정 종교에서 발송하는 메시지만 접한다면 종교의 교리가 아무리 터무니가 없더라도 간단하게 세뇌될 확률이 높다. 전 세계적으로 많은 종교들이 이단의 길로 가고 있고 사람들을 혹세무민해서 재산을 빼앗고 심지어 목숨까지 뺏는다.

그런데도 불구하고 신도들은 교주에게 모든 것을 다 바치고 그것이 옳은 걸로 믿는다. 그 원인 중에 하나가 바로 미디어가 분리되고 일방적으로 확증편향을 일으킬 수 있는 미디어만 접촉하기 때문이라 볼 수 있다. 지금 우리는 무서운 시대에 살고 있다. 아버지가 보는 미디어가 다르고 아들이 보는 미디어가 다르고 또 남자가 보는 미디어가 다르고 여자가 보는 미디어가 다를 수도 있다. 서로 각자 방에 들어가서 태블릿이나 스마트폰이나 TV로 자기 입맛에 맞는 미디어만 접촉하고 점점 더 확증편향에 빠진다.

의견 충돌은 심화되고 갈등은 커진다. 의견 충돌이 일어나도 접근이 점점 더 어려운 그런 시대가 4차 산업 혁명 시대의 역설이다.

이제 더 이상 아이들이 어른한테 배우는 시대가 아니다. 학생들이 선생님한테 배우는 시대가 아니다. 거꾸로 어른이 아이한테 배우고 선생님이 학생한테 배우는 시대가 되었다. 그럼으로써 의견 충돌과 갈등은 더 심해진다. 옛날에는 아이들이 어른에게 배웠다. 우리는 왜 어른을 공경하고 선생님을 공경하고 직장의 상사를 존경할까? 그분들에게 배울 게 있었고 가르침을 받았기 때문에 그랬다.

그런데 스마트폰과 SNS가 발달하고 과학 기술이 발달하면서 새로운 미디어와 기술에 접근하는 것은 어떤 사람들에게는 굉장히 어려운 문제가 되어 버렸다. 이제는 어른이 아이들에게 묻고 선생님이 학생한테 배우는 그런 지적 경험의 역전의 시대가 펼쳐진 것이다.

컴퓨터나 스마트폰을 자유롭게 다루지 못하는 선생님이 많이 있고 학생들이 그것을 거꾸로 가르쳐 주게 된다. 여기서 심리적 서열이 뒤집혀 진다. 한 사람이 다른 사람에게 가르침을 주고 한 사람이 그것을 수용한다는 것은 바로 쌍방 간의 심리적 서열이 형성되는 것이다. 위계질서상의 물리적 서열은 어른이나 선생님이 높은데 그 안에 내면에서 작동되는 심리적 서열은 뒤집혀져 있는 게 바로 현대 사회인 것이다.

이제 더 이상 아이들은 학생들은 선생님이나 어른을 공경하는 그런 시대가 아니고 오히려 우습게 보고 깔보는 시대로 가고 있는지도 모른다. 굉장히 무서운 이야기이다.

우리는 매일매일 새로운 기술을 접하고 있다. 더 무서운 사실은 인공지능이 점점 우리 현실에 다가온다는 것이다. 인공지능이 다가오면 이 세대는 크게 세 개의 계층으로 분리될 것으로 보인다. 첫 번째 그 인공지능을 지배하는 계층이다. 인공지능을 만들고 이 인공 지능을 조종하고 인공지능을 지배할 수 있는 계층. 이것은 아마 전 인류의 1%도 되지 않을 것 같다. 이들이 모든 부와 권력을 다 가져갈지도 모른다. 두 번째는 이 인공지능을 잘 활용하는 그런 계층이 될 것이다. 주로 젊은 층이거나 IT 기술에 매우 밝은 사람들이 될 것이다. 지금도 스마트폰에 여러 가지 인공지능이 탑재되어 있고 또 인공지능 비서도 탑재되어 있지만 이것을 효율적으로 사용하는 이는 그리 많지 않다. 역시 마찬가지로 앞으로 인공지능이 고도화된다고 해서 모든 사람이 그것을 다 잘 활용한다고 볼 수가 없을 것이다. 세 번째는 인공지능에 지배당하는 계층이다.

인공지능을 활용하는 것이 아니라 인공 지능 시스템에 의해서 지식의 하류층으로 전락하는 그런 층이라고 볼 수 있을 것이다. IT 시대에서는 아이디어를 잘 활용하는 사람과 활용하지 못하는 사람으로 나뉘어 어른과 아이, 학생과 선생님의 심리적 서열이 뒤집혀 있는데 인공지능 시대에서는 그것을 지배하는 층 그것을 활용하는 층 또 그것에 지배당하는 층으로 무섭게 분리가 될 것이다.

여기서 더욱더 큰 대화단절이 일어날 것이고 심리적 서열이 더 확고하게 형성이 될 것이다. 굉장히 무서운 얘기이다. 인공지능시대에 우리가 다시 한번 경각심을 갖고 모든 사람이 인공지능을 공평하게 활용할 수 있는 그런 지혜를 고민해 봐야 될 것이다.

메타버스가 세상을 분리한다

세계적인 아이돌 그룹 방탄소년단이 세계를 강타한 노래 다이너마이트의 안무 버전을 어디에서 발표했을까? 유튜브일까? 아니면 페이스북이나 인스타그램 같은 SNS일까? 아니면 자체 홈페이지일까?

모두 다 아니고 놀랍게도 게임 속 가상세계에서 이것을 발표했다.

메타버스가 이 세상을 지배하고 최고의 IT 기술이 될 것이라는 IT 전문가들의 예언이 넘치고 있다. 메타버스는 계층 간의 분리를 더 가속화시키는 것을 넘어서 아예 다른 세상에서 살게 하는 효과를 가져올 것이다.

이렇게 되면 갈등과 대화 단절의 수준이 기존의 미디어가 분리되어 일어났던 것과는 차원이 달라질지도 모른다. '메타버스' 이러니까 굉장히 어려운 단어 같지만 메타버스는 사실은 '메타' 와 '유니버스'의 합성이다. '메타'는 메타인지에서 사용하는 것처럼 초월이란 뜻이다.

메타는 초월, 즉 무엇을 넘어서는 것이다. 그래서 인지를 넘어서는 인지를 메타인지라고 하는데 내가 무엇을 알고 있는지를 아는 것이 메타인지다. 즉 슈퍼보다 더 위에 있는 게 바로 메타라고 볼 수 있다. '유니버스'는 우주 세상 이런 뜻이므로 '메타버스'는 직역하면 세상을 초월하는 '초월우주' 이런 뜻인데 어려운 말 같지만 사실은 가상세계의 일종이다.

기존의 가상세계와 다른 점은 '메타버스'에서는 출근도 할 수 있고 졸업식도 할 수 있고 게임도 할 수 있고 심지어 가수가 콘서트도 할 수 있다. 그런 일이 실제로 벌어지고 있다. BTS가 다이너마이트의 안무 버전을 포트리스라는 게임 속 가상세계에서 발표를 했다.

포트리스는 자기 아바타를 가지고 전쟁을 하는 게임 가상 세계이다. 그런데 이 포트리스 회사에서 최근에 파티 로열 모드라는 것을 만들었는데 이 파티 로열 모드는 서로의 전쟁을 잠깐 멈추고 서로 모여서 해변가나 광장이나 이런 데서 모여서 서로 이야기도 하고 담소도 하고 그리고 서로의 신상도 서로 교환하고 커피도 마시고 음악도 들을 수 있는 그런 모드이다. 그런데 많은 IT 전문가들이 바로 이 파티 로열 모드를 메타 버스의 일종으로 보고 있다. BTS가 바로 이 다이너마이트 안무 버전을 이 게임 속 파티 로열 모드에서 처음 발표한 것이다. 이것을 시청하고자 하는 아바타들은 가서 구경만 하면 되며 같이 춤을 추고 싶으면 안무 버전의 캐릭터를 사서 똑같이 춤을 출 수가 있다.

세계적인 래퍼 트래비스 스캇은 파티 로열 모드에서 콘서트를 개최했다. 원래는 오프라인으로 이 콘서트를 개최할 예정이었지만 코로나19로 인해서 이 콘서트가 불가능해지자 바로 이 게임 속 가상세계에서 콘서트를 개최한 것이다. 그러자 놀랍게도 천만 명이 넘는 아바타가 운집을 하고 여기서 벌어들인 수익만 200억 원이 넘었다고 한다. 오프라인보다 훨씬 많은 사람이 모이고 오프라인보다 훨씬 많은 수익을 거둔 것이다. 더 이상 가상세계는 가상세계가 아니고 현실세계와 아주 밀접하게 연결되어 있는 것이다. 영화에서 보던 매트릭스나 아바타 같은 이런 것들이 현실로 우리에게 오고 있는 것이다.

실제로 미국의 버클리대학에서도 코로나19로 인해서 졸업식이 어려워지자 게임 속 가상세계에서 졸업식을 하고 출석도 하고 수업도 하였다. 그런데 학생들에게 폭발적인 지지를 받고 호응을 얻었다고 한다. 페이스북 같은 SNS 회사이름을 아예 '메타'로 바꾸고 메타버스에 진출을 하려고 하고 있다. 페이스북(메타)에서 개발한 가상사무실에 출근하면 실제로 그 곳에서 회의를 할 수도 있고 출근부 도장을 찍을 수도 있다. 심지어 컴퓨터를 조작해 업무를 볼 수도 있다. 회의를 하면 다른 직원들과 실제로 회의실에 앉아서 대화한다. 물론 눈에는 고글 같은 것을 쓰고 일을 하는 것이다. 영화에서 보는 일들이 실제로 벌어지고 있는 것이다. 그런데 문제는 참여하는 가상세계가 서로 다르다는 것이다.

회사에 다니는 사람은 페이스북에서 만든 가상세계로 출근하여 사람을 만나고 또 MZ세대는 포트리스 같은 게임 속 세계에서 사람을 만나고 콘서트에 가고 서로 대화하고 또 학생은 학생끼리 여자들은 여자끼리 어른은 어른끼리 완전히 다른 세상 속에서 살아가는 세상이 곧 열린다는 것이다. 그러니 현실세계에서 실제로 만나게 되면 완전한 분리가 일어날 수밖에 없을 것이다.

아버지와 아들이 선생님과 학생이 그리고 부부가 완전히 다른 세상에 사는 미래가 온다. 미국에 살다 온 사람과 한국에서 오래 살던 사람이 서로 만나면 완전히 다른 문화로 인해서 이질적인 문화 충격이 일어나는 것보다 더 큰 충격이 일어날 수 있다. 우리는 미국 문화에 대해서 영화나 다른 걸 통해서 이미 보고 접했다. 그러나 이 가상세계가 만드는 메타버스는 우리를 완전히 다른 이질적인 인간으로 만들 수도 있다. 미디어의 분리 또 인공지능의 분리, 가상세계로 인한 메타버스의 분리의 시대는 더 큰 갈등을 일으킬 것인가? 아니면 문화권 자체가 다른 세상에서 각자 살아갈 것인가?

은둔형 외톨이

일본에서 전직 차관 출신의 70대 아버지가 40대의 은둔형 외톨이 아들을 살인하여 일본사회에 큰 충격을 준 적이 있었다. 우리나라에서도 40대의 은둔형 외톨이 아들이 자기 방을 치웠다는 이유로 아버지를 살인한 사건도 있었다. 한집에 살지만 완전히 분리된 생활이 얼마나 큰 갈등을 일으키고 심각한 결과까지 초래하는지 보여주는 사례이다. 일본에서 히키코모리로 알려진 은둔형 외톨이는 우리나라에도 상당수 있는 것으로 알려져 있다.

2008년 통계로 약 30만 명 이상이 은둔형 외톨이로 알려져 있고 지금은 그 통계조차도 없다. 아마도 최소한 100만 명 이상이 되지 않나 이런 짐작을 해 볼 뿐이다. 그렇다면 가족과 사회와 철저히 분리되는 은둔형 외톨이는 왜 생기는지 본능이라는 관점에서 어떻게 이해해야 하며 어떻게 대처하면 좋을까?

은둔형 외톨이를 이해하기 위해서는 서열 본능과 영역 본능을 같이 이해해야 한다. 은둔형 외톨이가 되는 대부분의 사람들은 회사에서 직장에서 굉장히 어려움을 겪거나 아니면 아예 취직이 오랫동

안 되지 않거나 또는 학교에서 학폭이나 왕따를 경험하거나 아버지나 어머니의 지나친 간섭과 폭력 이런 것으로 인해서 은둔형 외톨이가 되는 경우가 많다. 특히 IMF 이후에 취업이 어려워지고 취업전선에서 3, 4년, 5년씩 고생을 하다가 결국에는 은둔형 외톨이로 전락하는 경우가 많이 있다. 취업이 안 되고 사회에서 굉장히 어려움을 겪는다는 것은 본능이라는 관점에서 봤을 때 서열이 박탈되는 것이다. 서열이라는 것은 인간도 번식하는 동물에 불과하다라는 관점에서 봤을 때 대단히 중요한 본능이다.

서열이 어느 정도 보장되어야 번식할 수 있고 또 번식할 수 있는 자원을 차지할 수 있는 것인데 취직이 되지 않거나 또는 학교 같은 데서 왕따가 되거나 학폭에 시달리거나 부모님으로부터 지나친 간섭과 통제 폭력에 시달린다는 것은 서열을 박탈당하는 것이다. 서열을 박탈당하면 우리 뇌와 우리 몸에서 코티졸이라는 무시무시한 스트레스 호르몬이 나와 만성적으로 높은 수치가 유지된다는 사실은 앞서 수차에 걸쳐 강조한 바가 있다. 이 코티졸은 공격 호르몬의 일종이면서 우리 몸에 꼭 필요한 호르몬이기도 하지만 너무나 장시간 많이 노출되면 암이나 당뇨병, 고혈압, 고지혈증 같은 성인병, 정신질환 등 외상을 제외한 거의 모든 질병의 원인이 된다.

현대에서는 스트레스 호르몬으로만 많이 알려져 있지만 우리 신체를 조정하는 역할을 하기도 하는데 공격 호르몬의 일종이며 우리가 서열 박탈을 당할 때 우리의 뇌와 온 몸은 코티졸 과다 분비 상태가 된다. 이 상태가 오래되면 어떤 인간이나 동물도 견디지를 못한다.

그래서 코티졸 상태에서 벗어나서 나의 몸을 정상화시켜 줄 수 있고 나에게 어느 정도의 안심과 행복감을 줄 수 있는 상태를 본능적으로 찾게 된다. 그것이 행복 호르몬으로 알려진 세로토닌 상태인 것이다. 세로토닌. 우리에게 행복감을 줄 뿐만이 아니라 우리 몸을 건강하게 해주고 우리 뇌를 활성화시키는 만능 호르몬으로 알려져 있다. 세로토닌 상태가 되는 방법은 몇 가지가 알려져 있는데 가장 많이 접할 수 있는 것이 긍정 심리학이다.

현재 삶을 긍정적으로 받아들이고 긍정적으로 생각하는 것이다. 그러나 경제 성장률이 둔화되고 4차산업 혁명으로 인해서 구조적으로 일자리가 박탈당하는 현대 사회에서 긍정심리학은 많은 반발을 일으킨다. 몇 년째 공무원 시험에 낙방한 사람에게 긍정적으로 살라고 이야기하면 오히려 반발과 역효과가 일어날 것이다. 실제로 긍정심리학 계통의 강연회에 가보면 50대, 60대는 수긍을 하고 잘 받아들이지만 20~30대는 그런 강의를 잘 듣지도 않을 뿐 아니라 부모님 때문에 억지로 앉아 있거나 가끔씩 자리를 박차고 나가 버리는 것을 목격한다.

긍정심리학은 높은 경제 성장률에서 살아온 기성 세대에게는 긍정적으로 작동하지만 경제 성장률이 정체되고 구조적으로 일자리가 줄어드는 신자유주의 이후의 젊은 세대에게는 부정적으로 작동하는 것이다. 아무리 긍정적으로 살아도 삶이 개선되지 않는 현실에서 그저 정신승리로 받아들이는 것이다.

세로토닌 상태가 되는 또 다른 방법은 서열의 우위에 서는 방법이다. 서열의 우위에 있는 개체는 세로토닌 수치가 매우 높게 나온다.

서열이 행복을 만드는 것이다. 그러나 은둔형 외톨이는 이미 서열을 박탈당했기 때문에 서열의 우위에 서기가 굉장히 어렵다. 그래서 은둔형 외톨이가 선택한 방법은 영역을 차지하는 방법이다. 영역을 효과적으로 통제하고 지배하면 세로토닌 상태가 된다. 영역을 지배한다는 것은 다른 동물과 마찬가지로 그 영역에 있는 번식자원, 성적인 자원 이런 것을 독차지 하여 영역 내에서 서열 최상위가 되는 것이다. 그래서 인간도 동물도 영역에 집착을 하게 된다.

사람에 따라서 서열이 발달한 사람도 있고 또 영역이 발달한 사람도 있다. 그런데 은둔형 외톨이로 빠지는 사람들은 대개 여리고 착하고 예민한 사람이 많다.

이런 분들은 영역본능이 강하다. 나만의 영역에 있을 때 안정감을 얻는 것이다. 만약에 서열본능이 발달되어 있는 사람이라면 은둔형 외톨이가 되기보다는 다른 방법으로 다른 사람을 지배한다거나 아니면 서열의 우위에 서기 위해서 아마 다른 행동들을 했을 것이다. 그러나 어려서부터 남에게 위해를 끼치거나 남의 자존심을 깎아내리는 이야기도 하지 못하는 착하고 예민한 사람들은 영역 본능이 발달되어 있을 확률이 높기 때문에 나만의 공간 나만의 영역을 찾아 숨는다. 그 곳에서는 영역의 지배권자가 된다. 단절된 공간은 나를 지켜주고 타인의 간섭에서 해방시켜준다.

그리고 영역의 지배권자로서 뇌와 몸이 세로토닌 상태가 된다. 긍정적으로 생각하고 긍정적으로 살면 세로토닌이 나온다고 하지만 본능이라는 관점에서 보면 영역을 지배했을 때도 우리 뇌는 세로토닌 상태가 되는 것이다. 요즘 케이블 TV에서 인기를 끌고 있는 "나는 자연인이다"같은 프로그램이 처음에는 이렇게 시청률이 높을 것이라고 예상치 못했다고 한다.

많은 사람들이 자연인을 보며 나도 저렇게 간섭받지 않고 혼자 사는 삶을 꿈꾸고 있다는 반증이다. 왜 저 사람들은 산속에서 혼자 살면서 오히려 병도 치유되고 행복감을 느낄까? 그것은 바로 영역을 지배하기 때문에 몸과 뇌가 세로토닌 상태가 되었기 때문이다. 그때 우리의 몸은 치유되고 우리의 마음도 치유되는 것이다.

심지어 암에서도 벗어나는 경우가 생기는 것이다. 즉 이 사회에서 치열한 경쟁 속에 있다는 것은 서열이 박탈될 확률이 높아지는 것이고 이것은 스트레스를 가중시키며 만성적인 코티졸 상태를 일으킨다. 그리고 몸과 마음은 엉망진창이 된다.

치열한 서열 경쟁 속에서 벗어나 나만의 영역 나만의 공간을 지배한다는 측면에서 은둔형 외톨이와 "나는 자연인이다"의 주인공은 같다. 영역 본능이란 관점에서 은둔형 외톨이를 바라 볼 때 그 해결책도 찾아질 것으로 보인다.

은둔형 외톨이 솔루션

"나는 자연인이다" 라는 프로그램을 보면 그곳에서는 아무도 간섭을 하지 않는다. 아무도 통제하지 않는다. 그 누구도 아침 일찍 일어나라고 재촉하지 않는다. 오직 내가 나를 통제하고 선택할 뿐이다. 노동이라는 관점에서 보면 피곤하고 힘든 일일 수 있다. 스스로 먹을 것도 구해야 되고 집도 지어야 되고 거친 환경에서 살아야 한다. 그러나 그것을 스스로 선택하고 스스로 지배하고 스스로 통제할 수 있다는 것이 핵심이다. 그것은 영역의 지배자라는 뜻이고 우리 몸을 세로토닌 상태로 만들어 주는 것이다.

이런 관점에서 은둔형 외톨이를 이해할 필요가 있다. 은둔형 외톨이가 기거하는 방은 스스로 통제하고 마음대로 할 수 있는 유일한 장소이다. 특히 그 방에는 컴퓨터가 있다. 컴퓨터 속의 게임세계는 그 누구도 간섭할 수 없는 내가 지배하고 내가 통제하는 세계이다.

사이버 세계에서는 왕이 될 수도 있고 무적의 전사가 될 수도 있다. 심지어 존경도 받고 부러움을 받는 세계이다. 그러나 방을 벗어나고 컴퓨터를 벗어났을 때는 다른 사람이 나를 지배하고 내가 통제되는 세상이 펼쳐진다. 심지어 왕따나 폭력을 당하고 배신당하고 취직이 안 되는 서열 박탈 상태가 된다. 그러나 나만의 영역에서는 내가 통제할 수 있고 이것은 본능이라는 관점에서 봤을 때 바로 서열 회복이며 영역 회복이다. 그래서 우리 몸과 뇌가 세로토닌 상태가 되고 비로소 안심이 되고 안정감을 찾는다. 은둔형 외톨이에게 "너 더 이상 이렇게 살면 안 된다"라고 이성적인 설득을 해봐야 통하지 않는다. 본능의 힘이 이성을 이기는 것이다. 비난을 하거나 혼을 내는 것은 더 더욱 위험하다. 왜냐하면 그것은 통제와 간섭의 일종으로서 서열을 박탈하기 때문이다. 은둔형 외톨이는 통제와 간섭을 피하기 위해 자기 방에 틀어박혀 있다는 사실을 반드시 기억해야 한다.

이런 관점에서 봤을 때 은둔형 외톨이 아들이 아버지를 죽인 사건은 영역 침범 사건이다. 아들이 없을 때 아버지가 아들 방에 마음대로 들어가서 청소를 하고 그 방에 있는 소파를 바깥으로 빼내고 다른 소파를 집어넣었다고 한다. 아들이 편의점에 잠깐 다녀온 다음에 자기 방이 바뀐 것을 보고 분노해서 아버지를 살해한, 우리나라에서 실제로 있었던 일이다. 그 아버지는 그 방이 아들의 왕국이라는 사실을 이해하지 못했던 것이다. 그 소파와 거기 있는 물건 하나가 전부 다 아들이 지배하는 왕국의 소유물이었던 것이다.

그래서 은둔형 외톨이 방에 있는 컴퓨터를 치우거나 또는 인터넷을 끊어버리면 큰일난다. 자기가 지배하고 통제와 관리를 할 수 있는 중요한 수단을 끊어버리면 갈등이 엄청나게 커질 수가 있다. 아이들이 게임에 빠지는 원인도 바로 여기에서 찾아볼 수 있다. 그래서 은둔형 외톨이를 옳은 말로 설득하려고 해서는 안 된다. 아무리 옳은 말과 옳은 방향을 제시하더라도 통제와 간섭으로 느껴지기 때문에 그렇다.

그들에게 필요한 것은 심리적 서열을 높여주는 것이지 공자님 말씀이 아니다. 그들은 이미 사회에서 학교에서 가정에서 서열을 박탈당했다. 그들을 격려해 주고 공감해 주고 같이 아파해 주는 치료법이 필요하다.

다른 사람과 이야기할 때 그 사람 이야기를 경청해 주고 그들에게 공감해 주고 칭찬과 격려를 해 주는 것만으로도 그 사람의 심리적 서열이 높아진다. 그래서 은둔형 외톨이로 들어간 아들이나 딸이 집에 있으면 그들을 절대로 비난하거나 다른 길을 제안하려고 하지 말고 오히려 그들의 아픔에 대해서 공감해 주는 것이 절실하다. 말을 하지 않으려고 하면 편지라도 써서 그 방에 들여보내 줘야 한다. 네가 이렇게 아프지. 내가 몰랐다. 난 너를 정말 사랑한다.

이런 저런 것들을 정말 잘하는 아이였는데 나는 너에 대한 믿음을 버리지 않고 있다 등등의 편지라도 보내고 이메일이라도 보내 보자. 그리고 하루에 한 번이라도 그것도 어려우면 일주일에 한 번이라도 식사 자리를 같이 하는 것이 좋다. 식사 자리에서 특히 가족이 훈계를 하거나 공격을 하거나 비난을 하면 절대로 안 된다. 또한 인생의 목표나 계획에 대해서 이야기하는 것도 금물이다.

다시는 그 식사 자리에 나오지도 않고 식탁을 엎어 버릴 수도 있다. 그냥 말없이 공감해 주고 격려해 주는 그런 이야기만 해야 된다. 왜냐하면 은둔형 외톨이는 이미 마음에 큰 상처가 있고 뇌가 코티졸이 높은 상태에 있기 때문에 이성적인 대화가 어렵기 때문이다. 그래서 비난이나 훈계조의 이야기를 한다는 것은 불난 데 기름을 끼얹는 행위가 되어 버린다. 그래서 일주일에 한두 번이라도 가족의 식사 자리에 끌어내는 것이 우선 중요하다. 그리고 다른 사람과 관계를 맺게 해야 되는데 일주일에 한 번 정도 복권을 사게 하는 것도 하나의 방법이다. 그 복권을 아들에게 딸에게 주고 이게 당첨이 되면 네가 마음대로 써도 된다는 조건을 걸고 복권을 사 오게 하는 것이다.

그 과정에서 그 본인 스스로 모든 것을 할 수 있고 자기가 통제할 수 있게 하는 관념이 대단히 중요하다. 그러면서 서서히 외부인과 접촉하고 외부 활동을 늘려 나갈 수도 있을 것이다. 은둔형 외톨이는 자기가 통제하고 자기가 마음대로 할 수 있는 영역과 서열을 갈구하고 있다.

그러나 그들은 착하고 예민한 사람들이 많기 때문에 남을 마음대로 지배하고 남을 비난하면서 심리적 서열을 올리지를 못한다. 그래서 다른 방법을 통해서 심리적 서열을 높여 주는 것이 필요하다.

은둔형 외톨이를 비난하거나 훈계하거나 옳은 길로 인도한다고 억지로 방에서 끄집어내려고 하면 오히려 역효과가 일어나기 십상이다. 그곳은 영역본능을 충족시키는 곳이며 안심과 안정을 주는 공간이고 심지어 행복까지 느끼는 공간이다. 이것은 세로토닌이라는 호르몬 작용이라는 것을 기억해야만 한다.

전기차와 은둔형 외톨이

앞으로 몇 년 내에 전기자동차 시대가 열린다고 한다. 전기자동차 시대가 열리면 은둔형 외톨이나 '나는 자연인이다' 에서 나오는 생활 방식이 더 가속화될 수도 있고 아니면 거꾸로 은둔형 외톨이를 해결하는 수단으로 발전할 수도 있을 것 같다. 인공지능 시대의 가장 각광받는 기기 중에 하나가 바로 전기자동차이다. 자율주행기능과 더불어 이 전기자동차가 세상을 지배할 것이라고 많은 전문가들이 이야기하는데 본능이라는 관점에서 보면 전기자동차는 우리의 삶을 굉장히 크게 바꿀 가능성이 있다. 전기자동차는 기존의 자동차와는 대단히 다른 도구이다.

기존의 자동차는 이동 수단이었다. 그래서 그 이동 중에 우리가 얼마나 편안하게 이동을 하는지 차의 쿠션은 좋은지 시트는 좋은지 그리고 이동 중에 음악은 얼마나 잘 들을 수 있는지 또 차는 얼마나 고급인지 하차감은 어떤지 이동 수단으로서 편안함 안락함 과시 수단 이런 것들이 중심이었다. 그런데 전기자동차 시대가 열리면 이 패러다임이 완전히 바뀐다고 한다. 일반 자동차 속에 있는 전기용량과 전기자동차 속에 있는 전기의 용량이 완전히 다르기 때문으로, 전기자동차에 들어가는 배터리의 용량은 일반 자동차에 들어가는 배터리 용량의 열 배에서 스무 배 정도 된다.

사용 용량으로 따지면 약 30배 정도 이상의 어마어마한 용량이 들어간다. 테슬라 같은 경우 들어가는 배터리가 약 100KW 정도이다. 우리나라 4인 가족 기준으로 한 달 동안 쓰는 전기 양이 평균적으로 300KW 정도인데 일반 가정이 일주일에서 열흘 정도 사용할 수 있는 분량의 전기가 차에 있는 것이다. 그것도 냉장고, 전기난로, 세탁기, 전기스토브 등등 모든 가전제품을 다 사용하면서 나오는 용량이다.

기존의 내연기관 자동차는 배터리 용량이 작아서 전자레인지 하나 돌리지를 못 한다. 전자레인지는 700W에서 1000W 정도 되는데 일반 자동차에 있는 배터리는 약 600W, 700W가 최대 용량이고 그것도 시동 걸 전기를 남겨 놔야 되기 때문에 실제로 사용할 수 있는 전기용량은 약 300W~400W 정도밖에는 되지 않는다.

이렇게 보면 전기자동차 속에 있는 전기 용량이 엄청나게 크다는 것을 알 수 있다. 이것은 여태까지 일반 자동차에 설치할 수 없었던 여러 가지 전자기기를 설치할 수 있다는 의미가 된다. 캠핑카 제작 시에 거의 반드시 별도의 배터리 그리고 태양광 발전기 등을 설치하게 된다. 기존 자동차의 배터리 전기 용량 갖고는 캠핑카 내의 전기 장치를 작동시킬 수 없기 때문이다.

따라서 전기자동차의 대용량의 전기로 일반적인 가전제품을 쓸 수 있다는 점이 자동차의 패러다임을 획기적으로 바꾸는 것이다. 기존 자동차에 사용할 수 없었던 초대형 TV 스크린을 사용할 수 있고 또 출력이 대단히 큰 오디오와 게임용 컴퓨터를 사용할 수가 있다. 컴퓨터도 게임용PC 같은 것은 전력량이 2KW 이상 되는 것도 많다. 기존의 차량에서는 저전력 노트북 정도는 사용할 수 있어도 게임용

PC는 사용하지 못하는 이유이다.

그래서 전기자동차의 배터리는 이 자동차를 일반 가정환경처럼 꾸밀 수 있다는 것이다. 기존의 자동차는 이동 수단의 하나였다면 전기 자동차는 이동 후에 정지시켜 놓고 거주의 수단으로 쓸 수도 있다는 것이다. 이것이 바로 우리 삶을 바꾸는 대단히 중요한 포인트이다. 즉 한적한 곳에 또는 일반 주차장에 주차를 해 놓고 그 안에서 나만의 세상 나만의 공간 나만의 영역이 펼쳐지는 것이다. 은둔형 외톨이는 나만의 영역과 공간을 지배하고자 한다. 간섭과 통제당하지 않는 곳을 찾다 보니까 은둔형 외톨이가 되고 자연인이 된다.

그런데 전기 자동차는 그 안에서 무엇이든지 할 수 있고 다른 사람에게 간섭을 받지 않는 완전히 분리되고 폐쇄된 공간이다. 내가 지배하는 완전한 영역이 되는 것이다. 거기에 초대형 스크린과 고성능 오디오와 고성능 컴퓨터가 들어갈 수 있다면 그곳이 바로 사무실이 되는 것이며 영화관이 되는 것이며 게임할 수 있는 PC 방이 되는 것이다. 어마어마한 현장감으로 영화를 볼 수 있고 현실 같은 게임 속의 가상세계에 들어갈 수가 있다. 메타버스 같은 가상세계로 가서 아예 다른 삶을 살 수도 있다.

폐쇄 공간인 전기자동차 속의 대형스크린은 가상세계 메타버스 속에 깊이 빠지기 쉬운 그런 환경인 것이다. 그래서 부모에게 잔소리를 들었다 또는 부부싸움을 한다. 그러면 혼자 조용히 주차장으로 내려와서 전기차 속으로 들어가서 또 다른 세상으로 들어가는 것이다. 전기 자동차에는 어마어마한 대형 스크린과 대단히 좋은 음향시설과 컴퓨터 그리고 냉장고도 있고 거의 침대로 느껴지는 안락한 시트도 있다. 그곳에 누워서 내가 지배하는 영역 내가 지배하는 그런 공간에서 행복을 찾는 현대인이 엄청나게 늘어날 것이다. 전기자동차 시대는 인간의 영역 본능을 충족시키는 그런 시대가 될 것이다.

은둔형 외톨이가 주변에 있다면 전기자동차를 하나씩 사 줄 필요가 있다. 당장 시급하다면 고용량의 밧데리를 장착한 캠핑카도 대안이 될 수 있을 것이다. 자동차에서 자기만의 세상을 만들고 안정과 안심을 찾을 것이다. 전기자동차는 이동수단도 되기 때문에 여기저기 다니게 되고 결국은 완전한 은둔형 외톨이에서 벗어날 수도 있다. 그래서 이 전기자동차는 인간을 은둔형 외톨이로 만들 수도 있지만 거꾸로 은둔형 외톨이를 구원할 수 있는 기기로도 사용될 수 있을 것이다.

전기자동차로 아주 한적한 곳이나 또는 명승지나 바닷가 같은 곳에 이동을 하고, 그곳에서 자기만의 시간을 즐기다가 최소한 편의점이나 화장실 같은 편의시설을 가면서 다른 사람과 만남으로 인해서 서서히 사회와 접촉하면서 사회에 적응할 수 있는 기회를 넓혀 갈 수 있을 것이다. 앞으로 몇 년 내에 펼쳐지는 전기자동차 시대는 우리의 삶을 많이 바꿀 것이다.

차 안이 사무실이 될 것이며 영화관이 될 것이며 음악 감상실이 될 것이며 PC방이 될 것이다. 기존의 사무실 환경이 완전히 바뀔 것이고 영화관도 망할 수 있을 것이며 PC 방 영업도 어려워질지도 모른다. 갇혀 사는 현대인을 양산할 수도 있고 거꾸로 은둔형 외톨이를 치료할 수 있는 첨단기기의 시대가 기다려진다.

멘탈이 깨질 때

멘탈이 깨질 때

멘탈이 쉽게 무너지는 사람을 유리멘탈이라고 한다. 그러나 멘탈이 강한 사람도 반복적으로 자존감이 무너지는 환경에서는 멘탈이 무너진다. 멘탈이 깨지면 병적으로 어떤 행동에 심취하기도 한다. 과도한 음주에 빠지거나 충동구매 쇼핑중독, 폭식, 게임 등 유흥에 심하게 의존하기도 하며 우울증으로 발전하기도 한다. 갈등이 다른 방향으로 번진 것이다. 특히 공감능력이 뛰어난 사람들은 멘탈이 자주 무너진다. 이번 장에서는 어떤 종류의 사람들이 우리의 멘탈을 무너뜨리고 또 어떻게 그것을 극복할 수 있는지를 다룬다.

자존감 도둑 나르시시스트

친구를 만나거나 연애를 하는데 이상하게 그 사람하고만 만나면 비참해지고 내가 아주 별 볼 일 없는 존재처럼 느껴지고 자존감이 바닥을 치는 경우가 있다. 또 직장에서 상사가 자존심을 후벼 파는 언사를 밥 먹듯이 하며 상사 앞에만 서면 멘탈이 깨지고 심지어 극단적인 선택마저도 고민하게 한다. 그럴 땐 혹시 그 사람이 나르시시스트인지 의심해 볼 필요가 있다.

자기 도취자인 나르시시스트의 어원은 그리스 로마 신화에서 유래한다. 강의 신 케피소스(kephisos)에게 아들이 하나 있었는데 아들의 이름이 나르시스였다. 나르시스는 너무나 잘생긴 아들이었는데 어느 날 신탁을 받게 된다. 즉 점쟁이한테 이 아이의 미래를 물어 보았는데 이런 신탁이 나왔다. "이 아이는 굉장히 대성할 아이인데 단 이 아이가 자기 얼굴을 보지 못하게 하십시오. 그러면 이 아이는 죽습니다." 그래서 모든 주변의 거울이란 거울은 전부 치웠는데 문제는 호수나 연못이나 샘에 있는 물이었다. 그래서 강의 신 케피소스(kephisos)는 요정들에게 부탁을 한다.

나르시스가 샘이나 호수 같은 데 갔을 때 물결 없이 잔잔하면 나르시스의 얼굴이 거울처럼 비쳐 보이므로 항상 물결을 쳐서 자신의 얼굴을 보지 못하도록 요정에게 부탁을 하였다. 그래서 요정은 나르시스가 물가에 갈 때마다 항상 물을 출렁이게 해서 자기 얼굴을 보지 못하게 하였다고 한다. 그런데 이 요정이 나르시스를 보니까 너무나 잘생겨서 사랑고백을 하게 되었다. 그러나 나르시스의 눈이 워낙 높았는지 단칼에 거절을 하게 된다. 그래서 요정은 복수를 하기 위해 나르시스가 호수를 바라볼 때 물결을 일으키지 않고 호수를 아주 잔잔하게 만들어 버린다. 나르시스는 태어나서 처음으로 호수에 비친 자기 얼굴을 보게 된다. 너무나 멋지고 아름다운 청년의 얼굴이 거기에 있었다. 나르시스가 자기 얼굴에 자기가 반해서 그 얼굴을 한참 쳐다보다가 그 얼굴을 잡으려고 물속에 빠져 죽었다는 그리스 로마 신화 이야기. 그래서 나온 게 바로 나르시시즘이고 그 옆에 피었다는 꽃이 수선화이다. 수선화의 또 다른 이름이 바로 이 나르시스이다. 이 이야긴 굉장히 낭만적이고 비극적이지만 사실은 이번 장에서 다루는 나르시시스트는 그렇게 낭만적인 이야기가 아니다.

이 나르시시스트는 본능이라는 관점에서 봤을 때 서열이 아주 극단적으로 발달한 사람이다. 다른 사람을 지배하고 다른 사람을 짓눌러서라도 자기가 올라가야 하는 사람이다. 서열이 극단적으로 발달한 사람들은 수단과 방법을 가리지 않고 모욕을 주거나 자존감을 깎아내리거나 모멸감을 주는 식으로 다른 사람을 짓눌러 심리적 서열을 높이려고 한다. 갈등의 원천이며 출발점이라고 볼 수 있다. 이게 나르시시스트의 아주 중요한 특징이다.

더군다나 이 사람들은 공감 능력이 굉장히 떨어져 있을 가능성이 있다. 공감능력은 타인의 고통을 내 고통처럼 느끼는 능력이다. 공감능력이 매우 뛰어난 사람들을 HSP(high Sensitive Person)라고 하고 극단적인 공감능력자를 엠패스(Empath)라고 한다. 공감이 극단적으로 발달한 사람들은 다른 사람들의 마음을 내 마음처럼 읽어

내기 때문에 다른 사람에게 해코지를 하지 못한다. 다른 사람을 낮춰서 이야기하지 못하고 욕도 잘 하지 못한다. 그런데 이런 과잉공감인 사람 앞에 직장 상사나 친구나 애인이 나르시시스트라면 가장 최악의 상황이 펼쳐진다.

나르시시스트는 자기밖에 모른다. 자기가 세상에 최고이다. 자기도취자이다. 자기가 세상에서 제일 잘났고 자기가 세상에서 제일 똑똑하다. 남들은 자기보다 항상 못해야 되기 때문에 항상 남을 무시하고 다른 사람 자존심을 깎아내는 얘기를 습관적으로 하며 그것이 타인에게 어떤 상처를 주는지 알지도 못한다. 왜냐하면 공감능력이 떨어져 있기 때문에 그렇다. 그래서 공감 능력이 뛰어난 HSP나 엠패스 같은 사람을 먹이감으로 찾는다. 이 나르시시스트와 관계를 맺게 되면 인생이 피곤해진다. 여자도 나르시시스트가 꽤 많이 있다. 몇 년 전 인천의 한 원룸에서 교생 선생님과 동거 과외를 하던 한 학생이 타살을 당한 엽기적인 사건이 있었다. 경찰들이 이걸 조사해 봤더니 그 교생 선생이 바로 나르시시스트였고 그 교생 여선생을 또 조종하는 또 친구 여선생이 있었는데 그 친구는 더한 나르시시스트였다는 수사 결과를 발표한 적이 있었다.

그 교생은 학생을 지배하고 조종하며 교생의 친구는 또 그 교생을 지배하고 조종하다가 그런 최악의 사태가 벌어진 것이었다. 나르시시스트는 남을 지배하고 조종하고 장악해야만 살 수 있는 사람들이다. 대표적인 사람을 뽑으라면 트럼프 전 대통령이 아닐까 싶다.

트럼프 전 대통령을 검색을 해보면 많은 심리학자들이 그를 나르시시스트라고 정의를 한다. 트럼프는 매우 거친 단어를 사용하며 남을 비난한다. 최근에도 아주 거친 욕을 섞어가며 바이든 대통령을 비하해서 언론을 장식하는 일도 있었다. 또한 언론사를 비난하고 차별을 한다. 인종차별 남녀차별이 아주 심하며 공공연한 자리에서도 거리낌없이 그런 인식을 드러낸다. 그리고 남을 짓누르고 남을 조종하려고 든다. 거기에 더해서 트럼프 전 대통령은 공감능력까지 떨어져 있다. 상대가 어떤 마음의 상처를 받는지 잘 느끼지 못한다. 나르시시스트의 전형적인 특징을 다 가지고 있다.

또한 나르시시스트는 중요한 특징이 하나 있는데 거짓말을 밥 먹듯이 한다는 것이다. 그리고 자기가 거짓말한 것을 인정하지 않는다. 오직 핑계와 이유만을 대며 자신을 옹호하고 합리화한다. 이 사람들은 절대로 자기 잘못을 인정하지 않는다. 모든 잘못은 전부다 남의 탓으로 돌린다. 트럼프 전 대통령을 보면 모든 잘못은 다 언론 탓이고 야당 때문이고, 국회 반대 때문이다. 전부 남의 탓이다. 어찌 보면 정치인 들은 다 나르시시스트적 기질이 강한 사람들인 지도 모르겠다.

나르시시스트의 특징을 정리해보면 이렇다. 서열 본능이 매우 강하기 때문에 남들에게 주목받고 인정받고 싶어 한다. 그리고 상대방이 약세일 때는 조종하고 지배하려 한다. 그것이 여의치 않을 때는 말을 걸지 않거나 외면하거나 조직 같으면 열외나 왕따를 시키는 등의 벌을 준다. 권위의식이 강하고 자신이 월등하다고 착각 속에 살아간다. 또한 남에게 감사하지 않는다. 남에게 감사한다는 것은 자신의 심리적 서열이 떨어지는 것이기 때문이다. 가족 중에서도 이런 경우가 종종 있다. 자신의 친정어머니나 시어머니에게 맛집에 가서 큰돈을 쓰고 대접을 해도 잘 먹었다는 빈 인사는커녕 그 음식점의 단점만 집요하게 잡아내고 있고 선물을 해도 별로 고마워하지 않고 오히려 트집만 잡는다면 나르시시스트를 의심할 필요가 있다.

짧은 시간에 나르시시스트 판별하는 법 한 가지가 있다. 이 사람들의 자기가 남을 지배하거나 조정하는 것이 좌절되었을 때 또는 자기의 거짓말이 탄로 났을 때 0.1 초 사이에 얼굴에서 분노의 표정이 살짝 지나간다. 무시무시한 얼굴이 지나가는데 이 사람은 나르시시스트일 가능성이 높다. 당신과 가까이 있는 사람이 지금 나르시시스트라면 빨리 도망가거나 인간관계를 정리해야 한다. 그러나 피할 수 없는 가족이나 동료나 상사가 나르시시스트인 경우가 있다. 그때는 최소한의 대응책을 알고 있어야 한다.

나르시시스트 대응책

마치 인간의 피를 빨아먹는 뱀파이어처럼 당신의 자존감을 빨아먹는 뱀파이어, 자존감 도둑, 나르시시스트에게 어떻게 대처할 것인가?

나르시시스트는 두 가지 특징이 있다. 먼저 본능이라는 관점에서 봤을 때 이들은 서열 본능이 대단히 강한 사람이고 그래서 남을 무시하면서 자기의 심리적 서열이 올라가려고 한다. 앞서 남을 조정하고 남을 통제함으로써 만족을 얻으려고 하는 것이 바로 서열 본능이 강한 사람들의 특징이라고 전술한 바 있다.

이 사람들은 선천적으로 또는 여러 가지 환경에 의해서 굉장히 본능이 강하게 태어난 사람이며 후천적 자유의지로 고치기가 거의 불가능하다. 그것은 천성에 가깝기 때문이다. 첫 번째 명심할 사항은 사랑의 힘으로 또는 설득으로 나의 능력과 마음으로 이 사람을 바꿀 수 있다는 마음은 절대로 먹으면 안 된다는 것이다. 착각이다. 당신의 힘으로 바뀌지 않는다. 왜냐하면 그 사람의 무의식 속 아주 깊은 곳에 서열이라는 본능이 그 사람을 지배하고 있기 때문이다.

그 서열 본능으로 당신을 조종하려고 할 때 그것을 깨닫는 것이 중요하고 단호히 거기서 벗어나고 거절하는 방법을 찾는 것이 대단히 중요하다. 두번째로 공감능력이 떨어지는 그 사람에게 동정심 유발을 기대하거나 나의 고통을 나누는 것을 기대하면 안 된다. 선천적으로 그것이 안 되는 사람이다. 오히려 그것을 자신이 통제할 수 있다는 기회로 여길 뿐이다.

가스라이팅

나르시시스트는 가스라이팅 기법을 사용하기도 한다. 가스라이팅(gaslighting)은 상대방에게 자기 자신에 대한 의심을 만들고 현실감과 판단력을 잃게 만드는 심리학적 조작(心理的操作, psycholog-ical manipulation)기법 중에 하나이다. 사람을 정신적으로 황폐화시키고 그 사람에게 지배력을 행사하여 결국 상대방을 파국으로 몰아간다. 가스라이팅이라는 용어는 1938년 영국에서 공연된 연극 '가스등'에서 유래했다. 영화로도 각색된 이 연극은 아내의 재산을 노리고 결혼한 남편이 온갖 속임수와 거짓말로 멀쩡한 아내를 정신병자로 만드는 과정을 그렸다.

옛날 서양에서는 가스를 사용해서 조명을 켰는데 가스가 공동 공급되기 때문에 한쪽에서 가스 등을 밝히면 한쪽 가스등은 어두워지는 시스템이었다. 남편이 옆집의 부인을 살해하고 그 부인의 보석을 찾기 위해서 그 집의 가스등을 켜면 자기네 집이 어두워진다.

그래서 자기 부인이 이상하게 생각하여 "우리 집이 가끔씩 어두워져요. 이상해요" 라고 이야기하면 오히려 "당신이 이상한 사람이다. 괜찮은데 왜 그러느냐"라고 자기 부인에게 뒤집어씌우며 부인을 나무란다. 오직 남의 탓만 하는 나르시시스트들의 전형적인 특징이다. 부인의 물건도 숨겨놓고 잊어버리는 건 당신 탓이라고 이야기하면서 서서히 이상한 사람으로 길들이며 자기 마음대로 조정을 하게 된다. 이게 바로 가스라이팅 어원의 시작이다.

여러분 주변에 당신을 가스라이팅하는 사람이 있다면, 당신을 조종하려고 하는 사람이 있다면 빨리 피하거나 거절하여야만 한다.

만약 슬프게도 그런 사람이 벗어날 수 없는 사람 당신의 부모이거나 직장 상사 일 때는 교묘하게 그 사람의 자존감이 상하지 않도록 여러 가지 방법으로 단호하게 거절하는 습관을 길러야 할 것이다.

감사할 줄 모르는 사람들

이 사람들의 두 번째 특징은 감사할 줄을 모른다고 앞서 이야기했다. 왜냐하면 감사한다는 것은 다른 사람에게 고개를 숙인다고 생각을 하고 자기의 서열이 떨어진다고 생각을 하기 때문이다. 서열 본능이 강한 사람들은 감사를 서열이 낮은 개체가 하는 행동으로 해석하는 것이다. 맛있는 것을 사줘도 트집 잡기 바쁘다. 그 집에 위생이 어땠다는 등 서비스가 어땠다는 등 사준 사람이 민망할 정도로 그 음식이나 그 음식점에 대해서 험담을 늘어놓는다. 그래서 그 사람이 나르시시스트라고 판단이 되면 아무리 가까운 사람이라 할지라도 베풀면 안 된다. 그리고 냉정한 거래가 필요하다. 왜냐하면 아무리 베풀어 봐야 당신을 인정하거나 감사하기는커녕 당신이 자기 손아귀에 있다고 생각하고 더 조종하려고 하기 때문에 그렇다.

이 사람들의 세 번째 특징은 강자한테는 약하고 약자한테는 강하다. 서열 본능이 강한 사람들의 특징이다. 회사에서도 서열 본능이 강한 사람들이 아랫사람들은 사정없이 짓누르고 힘있는 사장에게는 비굴할 정도로 비위를 맞추며 꼼짝 못하고 그 사람의 모든 것을 다 들어주는 것을 목격할 수가 있다. 나르시시스트들이 바로 그렇다. 그래서 이 사람들을 대하는 방법은 내가 강해지는 수밖에 없다. 내가 강하다는 의미는 힘이 세거나 싸움을 잘 한다거나 이런 의미가 아니고 물론 그런 것도 포함할 수 있겠지만 나의 재력이나 나의 자존감이나 나의 지식이나 나의 결단력들을 의미한다.

수시로 나는 강한 사람이라는 것을 은연중에 보여줄 필요가 있다. 이 사람들은 강한 사람한테 꼬리를 내리고 약한 사람을 짓밟는 경향이 있기 때문에 그렇다. 이게 바로 서열 본능이 강한 나르시시스트들의 특징이다. 나르시시스트들은 자기가 무시당하는 것을 굉장히 두려워한다. 그래서 그 앞에서 그 사람을 무시하거나 이 사람의 자존감을 깎아내리면 안 된다. 반드시 복수를 할 것이다. 그럼 어떻게 해야 하나? 바로 다른 사람의 평판을 이용하는 것이다.

나르시시스트는 다른 사람들의 평판을 매우 두려워한다. 다른 사람들의 평판은 심리적 서열에 연관되어 있기 때문에 그런 것이다.

자기 평판이 떨어진다는 것은 자신의 사회적 서열이 떨어지는 것이다. 그래서 이 사람들의 말을 거절하거나 이 사람들의 의견을 거절할 때는 나의 의견이 아니라 타인의 평판을 인용하여 말할 필요가 있다. "다른 사람들이 어떻게 생각하겠느냐" 또는 "다른 사람들이 이렇게 생각하더라 다른 사람들이 이런 얘기를 하더라"라며 나의 이야기가 아니라 다른 사람의 이야기로 한번 이야기를 해 보는 것이 중요하다.

나르시시스트는 서열 본능이 강한 사람들이기 때문에 거기서 파생되는 여러 가지 특징들, 즉 당신을 조종하려고 하고 감사할 줄 모르고 강자한테는 약하고 약자한테는 강하고 평판에 약한 이런 특징들을 잘 이용할 수만 있다면 당신은 그 사람들에게서 승리를 얻을 수 있을 것이다.

공감능력이 떨어지는 사람들

이 나르시시스트의 마지막 특징이 공감능력이 떨어진다는 것이다. 공감능력은 다른 사람의 아픔과 감정을 내 아픔처럼 느끼는 능력이며 인간이 다른 동물과 차별화되는 그런 능력이다. 여기서 사회에 적응할 수 있는 관계 능력도 나오는 것이며 다른 사람을 위한 배려심도 나올 수 있는 것이다. 이 사회를 유지시키는 든든한 힘이 바로 공감 능력이다. 뒷장에서 다룰 HSP(high Sensitive Person)나 엠패스(Empath) 같은 너무나 공감 능력이 뛰어나서 다른 사람의 아픔, 다른 사람의 슬픔을 나의 감정으로 그대로 이입시키는 사람들과 이 나르시시스트는 정반대편에 있다.

다른 사람이 아파도 고통스러워도 오히려 그걸 즐기고 그것을 이용하려고 하는 이들이 나르시스트인데 이게 극단적으로 가면 바로 싸이코패스가 된다. 싸이코패스는 오히려 다른 사람의 죽음 같은 타인의 고통을 자기의 즐거움으로 느끼는 사람들이다. 나르시시스트는 거기까지는 안 가겠지만 자기애적 성격장애로서 강한 서열 본능으로 인해 공감 능력이 현저히 떨어져 있다. 따라서 이것이 선천적이거나 뇌의 문제라는 것을 안다면 이 사람들을 무한히 사랑하고 이해하면 이 사람이 바뀔 것이라는 착각하면 안 된다. 특히 연애관계에서 이런 착각을 많이 한다.

이 사람들을 사랑으로 바꾸는 것은 거의 불가능하다. 사랑에 깊게 빠지면 “이 사람은 내가 사랑으로 바꿀 수 있어” 라는 착각에 빠지게 된다. 그것은 바로 사랑의 호르몬 '페닐에틸아민' 이라는 호르몬 때문인데 이 '페닐에틸아민'은 뇌의 전두엽을 마비시켜서 우리 이성을 흐리게 만들어 버린다. 그리고 뜨겁고 로맨틱한 감정을 느끼게 한다. 그런데 나르시시스트들은 이런 사랑이나 이해를 그렇게 받아들이지 않고 자기에 대한 복종으로 받아들인다. 서열관계로 받아들이는 것이다. 그리고 그것이 심하면 폭언과 폭행으로까지 갈 수 있다. 한쪽 편에서는 사랑과 이해로써 다가가는데 이 사람은 이것을 복종으로 받아들이고 조종하려고 들고 폭언과 폭행으로 대할 수 있기 때문에 절대로 이 사람들을 사랑과 이해로서 바꿀 수 있다고 착각하면 안 된다.

그리고 그들을 대할 때는 감정을 최대한 배제해야 한다. 나르시시스트들은 다른 사람의 감정을 못 읽거나 감정이 그렇게 풍부하지 않다. 그러나 분노의 감정은 강한 사람들이다. 그들 앞에서 덜덜 떨거나 감정의 동요를 보이면 그 사람은 당신을 패자로 인식한다. 그리고 마침내 손아귀에 들었다고 생각한다. 그리고 당신을 더욱 더 짓누르고 당신의 자존감을 사정없이 팽개치고 당신을 무시하는 그런 대화를 통해 당신을 통제한다. "야! 넌 왜 그거밖에 못 해! 너는 애가 왜 그러냐!" 라는 식으로 더욱 주눅 들게 만든다.

그래서 그런 사람들 앞에서는 감정의 동요를 보이지 말고 팩트로 이야기하는 것이 중요하다. "당신이 정말 이럴 수 있어? 당신 이럴 때 나 힘들어" 이런 감정을 이야기해 봐야 소용이 없다. 오히려 당신의 자존감만 떨어질 뿐이다. "어제 같은 그런 행동을 하면 난 당신

을 다시는 안 볼 거야" 또는 "그런 행동은 다른 사람들이 이렇게 얘기를 하더라"고 다른 사람들의 평판을 끌어들여서 단호하게 이야기하는 것이 필요하다. 이런 극강의 나르시시스트들에게 먹이감이 있다. 선천적으로 공감 능력이 뛰어난 사람들이다. 이 사람들의 내면의 갈등과 번민은 그 어떤 유형의 사람들보다도 크다.

공감능력이 너무나 뛰어나 슬픈 사람들 엠패스

한 방송의 유명 동물 관련 프로그램에서 동물과 대화하고 동물의 감정을 읽고 동물의 문제를 해결해 내는 외국 여성분이 인기리에 방영된 적이 있었다. 굉장히 신기한 초능력으로 생각되기 쉽지만 사실은 초능력이라기보다는 초 공감능력에 가깝다. 초 공감능력 이것이 엠패스(Empath)이다. 엠패스 성향의 사람들은 공포 영화나 폭력 영화를 보지 못한다. 공포영화나 폭력 영화에서 사람이 다치거나 피를 흘리면 그 고통을 고스란히 자신의 것으로 느낀다고 한다. 전에 필자가 광고회사 다닐 때 그 회사 사장님은 폭력영화나 갱스터 영화에서 주인공이나 배우가 가슴에 칼에 찔리면 그 영화의 주인공의 고통을 자신도 똑같이 느낀다고 했다. 그래서 도저히 그런 갱스터 영화나 폭력영화를 볼 수가 없다고 고백하던 기억이 있다.

사실 그때는 이해가 잘 안 됐었다. 아프겠다. 뭐 이런 정도는 몰라도 정말 자기 가슴을 칼로 찌르는 듯한 그런 아픔을 느낀다는 게 과연 뭘까? 굉장히 궁금했었는데 그런 능력이 있는 사람이 바로 엠패스 즉 공감능력이 너무 탁월한 사람들이라는 것을 나중에 알게 되었다. 공감능력이 너무 탁월해서 다른 사람의 감정을 완전히 내 감정으로 이입시키다 못해 바로 내 감정으로 착각해 버린다.

엠패스와 비슷하지만 이보다는 좀 덜한 HSP라는 사람들이 있다. Highly Sensitive Person의 약자인데 감각이 아주 예민한 사람들을 말한다. 소리에도 예민하고 냄새도 예민하고 보는 것도 예민하고 그리고 감정에도 대단히 예민하다. 그래서 어떤 모임이 있는 방에 들어가자마자 일이 초 내에 그 방의 분위기를 읽어 낼 수 있다.

누구누구와는 친하고 누구누구와는 지금 사이가 안 좋고 누구누구와는 갈등이 있고까지 일이 초 내에 금방 읽어낼 수 있을 정도로 아주 예민한 사람들이다. 남자도 있고 여자도 있는데 전체 인류에서 15%에서 20% 정도가 된다고 한다. 이런 부류의 사람들을 보통 HSP(Highly Sensitive Person)라고 하는데 이 사람들보다 더 예민한 사람이 바로 엠패스(empath)이다.

즉 HSP–감각이 예민한 사람은 다른 사람의 감정에 공감을 아주 잘하고 자기 아픔처럼 느끼지만 엠패스는 한발 더 나가서 그 사람의 감정을 완전히 내 감정으로 받아들여 버린다. 엠패스 성향을 가진 사람은 사람이 많은 곳에 가면 굉장히 힘들다.

스쳐지나가는 사람의 감정도 자기 감정으로 들어와 버리기 때문이다. 다른 사람의 에너지를 내 것으로 다 받아 버리며 좋은 에너지 나쁜 에너지 가리지 않고 흡수한다. 공감능력이 극단으로 발달된 것이다. 인류의 약 3%에서 5% 정도가 있다고 하며 지금 상당히 많이 늘어나고 있다고 한다. 이 능력이 바로 동물과 교감할 수도 있는 능력이다.

우리 인간이 대화를 할 때, 언어로 대화하는 것 같지만 언어로 대화하는 비중은 얼마 안 되고 본능으로 대화한다. 본능 중에서도 바로 뉘앙스, 표정, 제스처 이런 걸로 대화를 하게 되는데 이것이 그 유명한 메러비언의 법칙이다. 강의를 하거나 커뮤니케이션 공부를 하는 사람은 대부분 알고 있는 법칙이다.

즉 인간은 대화할 때 언어가 차지하는 비중은 7%밖에 되지 않고 비언어적인 요소–표정, 제스처, 태도, 뉘앙스 등– 가 의사전달의 93%가 된다는 법칙이다. 많은 강사들이 커뮤니케이션 강의를 할 때 태도 등의 비언어적인 것의 중요성에 대해서 이 메러비언의 법칙을 들어 이야기를 하고 있다. 이 법칙의 본질은 인간은 본능으로 대화한다는 것이다. 언어는 껍데기에 불과하고 본능이 비언어적인 속성으로 나타난다. 그 본능을 읽어내는 능력이 바로 공감 능력이다. 말 뒤에 숨어 있는 진짜 그 사람의 뜻을 파악하는 능력이다. 이 능력이 극단적으로 떨어지면 자폐 스펙트럼에 속한다. 자폐라는 것은 공감 능력이 극단적으로 떨어져 있어서 즉 사회적 관계를 맺을 수 없음을 뜻한다. 그래서 스스로 닫혀 있다는 의미로 자폐(自閉)라고 쓴다.

자폐증은 공감능력의 대척점에 있으며 공감능력 한쪽 끝에 엠패스가 있다면 바로 반대편은 자폐증이 있다. 엠패스 성향의 사람은 다른 사람의 아픔을 내 아픔으로 그대로 전이시키기 때문에 타인의 감정을 자신의 감정으로 항상 착각을 하면서 산다. 자살충동 정도의 강력한 우울증이 있는 사람과 대화를 하거나 그 사람 옆만 지나가도 그걸 자기 감정으로 착각을 해 버린다. 그리고 갑자기 우울해진다. 다른 사람의 마음을 워낙 잘 이해하기 때문에 많은 사람들이 와서 상담을 하기를 원한다. 또 다른 사람을 너무나 잘 도와주는데 자기가 파산하고 자기가 능력이 안 되는 줄 알면서도 도와주는 경향이 있다. 한술 더 떠서 그 사람의 요청이 사기인 줄 알면서도 도와준다. 그런 성향을 HSP를 넘어서 앰패스라고 한다.

엠패스의 극복

너무나 힘들게 감정의 폭풍 회오리 속에 살아가는 엠패스! 자기는 왜 이렇게 감정의 회오리 속에 살아가는지 모르겠다고 고민을 한다. 엠패스 극복에 제일 중요한 것은 자기 자신이 공감능력이 극단적으로 발달한 엠패스라는 것을 인정하는 것이다. 왜냐하면 엠패스는 선천적으로 타고나기 때문에 그렇다. 엠패스는 전인류에서 3%에서 5% 정도 된다고 한다. 그리고 15% 에서 20% 정도가 조금 덜한 HSP (high Sensitive Person)이다.

과학은 어머니의 자궁 속에서 여성호르몬 에스트로겐 영향을 너무 많이 받거나 유전적인 요소에 의해서 공감능력이 너무나 극단적으로 발달되신 분들이 바로 엠패스라고 설명한다. 선천적으로 타고난 것이기 때문에 아 내가 바로 앰패스이구나 하고 인정하는 것이 그 첫 번째 길이다.

두 번째는 '지금 내가 느끼는 감정은 이게 진짜 내 감정이 아니고 다른 사람의 감정이 들어온 거구나' 라는 것을 아는 게 필요하다. 지금 내가 굉장히 힘들고 우울해도 아 이건 내 감정이 아니구나 누군가 다른 사람의 감정이 나에게 들어온 것이구나 하고 깨닫는 것이 대단히 중요하다. 그랬을 때 그런 감정에서 자유로워질 수 있다.

세 번째로 엠패스 성향의 사람은 혼자 있는 시간이 절대적으로 필요하다. 왜냐하면 사람이 많은 곳에 가면 또 사람들과 관계를 하게 되고 그 사람들의 감정 그 사람들의 마음을 그대로 읽어내고, 또한 읽어내는 것에 그치지 않고 그것을 자기 감정으로 자기 마음으로 그대로 흡수해 버리기 때문에 에너지가 높은 사람을 만났을 때는 괜찮지만 굉장히 힘든 사람을 만나면 자신도 힘들어진다. 그래서 혼자 있는 시간이 필요하고 또 여건이 된다면 자연에 가서 명상을 하는 것이 굉장히 효과가 좋다. 명상이라고 하니까 어려운 걸로 생각이 되지만 혼자서 걷는 것만으로 명상이 되며, 조용히 숨을 쉬는 것만으로도 명상이 된다. 즉 다른 사람들과의 관계를 끊고 나 혼자만의 시간을 갖고 조용히 호흡할 수 있고 조용히 걸을 수 있는 시간을 갖는 것 이게 엠패스인 분들에게 대단히 중요하다.

당연히 HSP(Highly Sensitive Person)에게도 굉장히 효과적이다.

마지막으로 이런 성향의 사람들은 상담을 많이 해 주는 경향이 있다. 다른 사람들의 얘기를 많이 들어주고 공감을 해주기 때문에 그렇다. 그런데 다른 사람들이 와서 부탁하면 거절을 못한다. 그러나 다른 사람들 말은 듣고 상담은 하되 금전적인 부탁은 거절해야 한다. 도움을 직접적으로 주지 말아야 한다. 왜냐하면 엠패스 성향의 사람들은 자기 자신이 파산하고 자기 자신이 힘들더라도 빚을 내더라도 도와주고 마는 있기 때문이다.

심지어 상대방이 사기를 치고 그것이 사기인 줄 알아도 도와주려고 하기 때문에 자기 자신이 망가지는 경우가 일어난다. 그래서 이야기는 들어주되 금전적인 도움은 피해야 한다. 차라리 봉사단체에 기부를 하거나 직접 가서 봉사를 하는 것이 훨씬 유익하다. 봉사 활동을 하면 나의 에너지가 올라간다. 그것을 헬퍼스하이(Helper's

High) 효과라고 한다. 남을 도와주면 오히려 내가 행복해진다. 실제로 내 몸속의 면역도 올라가며 세로토닌 수치 같은 것들이 엄청나게 올라간다.

엠패스인 사람들은 남의 이야기는 들어 주고 상담은 해 주되 금전적으로 도우려고 하지 말고 차라리 봉사활동을 하는 것이 본인을 위해서나 상대방을 위해서나 훨씬 좋은 길이다. 요즘 엠패스 성향의 사람들이 많이 증가하고 있다. 이것은 인류 전체를 위해서 바람직한 상황이라고 보여진다. 엠패스 성향의 사람들은 다른 사람들의 마음을 잘 읽어내는 굉장히 영적인 에너지가 높은 이들이기 때문이다. 남을 해치질 못하고 해코지를 하지 못한다. 이런 사람들이 많이 늘어나면 늘어날수록 이 세상은 평화와 안정으로 가게 되는 것이 아닐까? 이런 사람들이 줄어들고 싸이코패스 같은 사람이 많이 늘어나면 이 세상은 전쟁과 경쟁으로 가게 되고 승자 독식으로 가게 될 확률이 높다. 그런데 엠페스가 증가하는 것 이상으로 사이코패스도 증가하는 것 같아 더욱 걱정이다. 세상이 공감 능력이 뛰어난 엠패스인 사람처럼 이해하고 공감하면 갈등은 줄어 들고 전쟁도 줄어드는 평화로운 세상이 되지 않을까 생각해 본다. 그러나 공감 능력이 너무 뛰어나면 꼭 나르시시스트가 아니더라도 친구와 가족과 연인관계에서 나를 무시하는 사람이 생겨난다. 내가 무시당할 때 그냥 갈등하고 말 것인가?

내가 무시당할 때!

우리는 인생을 살면서 지속적으로 무시당하거나 의견을 묵살당하는 순간을 경험할 때가 있다. 잘 보이려고 웃음과 미소로서 때때로 친절을 베풀면서 그에게 호의를 베풀었는데 돌아오는 것은 이상하게 나를 무시하는 듯한 느낌. 아니면 어떤 사람이 나를 지속적으로 무시하고 나의 의견을 그것을 극복해 보려고 여러 가지로 노력을 해 보지만 잘 안 되는 경험을 할 때가 있다.

이것을 이기는 방법은 생각보다 아주 간단하다. 무표정한 얼굴로 응대를 하면 된다. 상대방이 말도 안 되는 이야기로 나를 무시할 때 거기에 대해서 만약에 웃음으로 화답하면 나는 더욱더 무시당하게 된다. 당신이 겸연쩍더라도 웃으면 안 된다. 만약에 무시당하는 상황에 웃는다면 그것은 비참한 웃음이 될 것이며 당신은 더 큰 스트레스를 받게 되고 상대방은 더욱더 나를 짓누를 것이다. 왜냐하면 그 웃음은 공감의 웃음이 아니고 내가 심리적으로 낮아지는 웃음이기 때문이다. 그래서 비참해질 것이다. 무표정한 얼굴로 그러나 정중하게 응대를 해야 된다. 왜 무표정한 얼굴로 응대를 해야 되느냐?

우리 인간은 언어로 대화하는 것 같지만 사실은 본능으로 대화한다는 것이 메라비언의 법칙이라고 엠패스 편에서 이야기 하였다. 즉 93%의 비언어적인 요소 표정이나 뉘앙스나 태도로써 우리는 상대방과 대화를 한다는 것이다. 그런데 93%의 비언어적인 요소 중에 38%가 목소리 뉘앙스 이고 55%가 태도 표정 등 보디 랭기지라고 한다. 만약에 무표정한 얼굴과 동시에 정중한 목소리로 이야기하면 비언어적인 요소에서 커뮤니케이션 단절이 일어나고 상대방은 당황하게 되고 내 마음을 읽지 못하게 된다. 우리는 상대방의 마음을 언어로만 이해하는 것이 아니라 상대방의 눈동자의 움직임 표정 웃음 미소 제스처 그리고 말의 톤 앤 매너로서 상대방의 마음을 읽게 된다. "알았어!" 라는 말도 뉘앙스에 따라 모른다는 뜻도 되고 상대방을 무시하는 것이 된다. "잘 한다" 라는 말도 잘~ 한다 이러면 굉장히 비꼬는 말이 된다. 우리 언어는 바로 이런 뉘앙스와 표정과 태도로서 상대방에게 나의 마음이 전달되고 커뮤니케이션이 되는 것이다. 그래서 무표정한 얼굴로 응대를 했을 때 커뮤니케이션 단절이 일어나고 상대방은 당황을 하게 되는 것이다.

예를 들긴 좀 그렇지만 대표적인 사례도 노름판을 예를 들 수 있다. 무표정한 얼굴로 일관하는 사람을 포커페이스(Poker Face)라고 하는데 포커를 할 때 자신 패의 좋고 나쁨을 상대편이 눈치채지 못하도록 표정을 바꾸지 않는 행위에서 유래되었다. 좋은 패가 들어오거나 나쁜 패가 들어오거나 돈을 따거나 잃으나 표정에 전혀 미동도 없으면 상대편은 당황을 하게 되고 결국엔 돈을 잃게 된다.

우리는 포커를 패를 읽고 계산을 하면서 치는 걸로 생각을 하고 있지만 결정적인 순간에는 본능으로 상대방의 마음을 읽게 되는데 그것을 읽지 못하므로 당황을 하게 되고 돈을 잃게 되는 것이다.

일상적인 대화에서도 마찬가지 원리가 적용된다. 내가 무표정한 얼굴로 응대를 하면 상대방은 나의 패를 읽지 못하고 자신의 이야기가 통하는 건지 안 통하는 건지 당황을 하게 된다. 말도 안 되는 그런 언사로 나를 무시하려고 할 때 한번 써먹어 볼 만하다.

예를 들면 "너 그렇게 뚱뚱해서 시집이나 가겠어?" 이럴 때 "아 글쎄 말이에요 제가 다이어트가 잘 안 되네요" 이러면 그 사람의 패에 말려 드는 것이다. 구구절절한 설명이나 이유를 대는 것은 금물이다. 이럴 때 무표정한 얼굴로 "그런가요?"라고 정중하게 대답해 보자. 언어는 '그런가요?'라고 긍정적인 대답을 하지만 당신이 무표정한 얼굴로 대답을 한다면 상대방은 일순 당황을 하게 된다. "이 사람이 화가 났나? 내 말이 먹히나? 무시하는 전략이 안 먹히네" 즉 노름판에 돈을 잃는 사람과 똑같은 심정이 되고 나의 패를 읽지 못하게 되고 다음번에는 그런 방법으로 무시하지는 않게 될 것이다.

이 말은 회사에서 직장 상사나 또는 꼰대와 대화할 때도 마찬가지이다. 나에게 말도 안 되는 말과 함께 무시하고 "나이 먹으면 결혼이나 해!" 이럴 때 "그런가요?" 라는 말로 무표정한 얼굴로 대답을 한다면 상대방은 상당히 당황을 하게 되어 있다. 부정도 긍정도 읽어낼 수가 없는 것이다. "그런가요" 라는 대답과 "무표정한 얼굴" 그리고 "정중한 목소리" 이 3박자가 위기의 순간에 우리를 구원할 것이다.

무시당할 때 피해야 하는 행동 3가지

그 첫 번째는 나를 무시하는 이야기에 대해서 설명을 하지 말라는 것이다. 단답형으로 대답하여야만 한다. 설명하고 거기에 대해서 구절이구절이 설명하는 순간 그 사람 패에 말려들고 말에 꼬리에 꼬리를 잡혀 무시라는 구렁텅이에 빠져들게 되는 것이다.

예를 들어서 "야 너 왜 이렇게 뚱뚱하냐 다이어트 좀 해라" 라고 말도 안 되는 이야기로 무시하는 사람이 있다면 "글쎄 말이야 나는 다이어트를 해도 잘 안 되네" 라고 설명을 하고 거기 이유를 대는 순간 더욱더 무시당하는 패턴으로 가게 된다. "네가 의지력이 약하니까 그러지" "무슨 다이어트를 실패하냐. 운동 제대로 하고 말이야,

식이요법 제대로 해 봐" "운동이 말이야 쉬운 게 아니야" 이런 식으로 말에 꼬리에 꼬리를 잡히고 결국은 심리적으로 그들에게 지속적으로 무시당하게 된다. 그래서 감정적으로 내가 무시당하고 있구나 라고 느낄 때는 거기에 대해서 설명이나 구차한 변명을 하는 것은 금물이다. 단답형으로 이야기하는 게 좋을 것이다.

앞서 이야기한 "그런가요?" 또는 비슷한 처지 같으면 "그래?" 즉 긍정도 부정도 아닌 대답 "아 그래?" 이 대답은 상대방의 입을 막고 당황하게 한다. 아니면 아예 상대하기 싫은 사람이면 대답도 하지 않는 것도 한 방책이다. 나의 내면을 숨기는 것이다. 침묵은 금이다. 어쩔 수 없이 대답해야 되는 경우는 그런가요? 정도가 아주 좋다. 주절주절 그 상황에서 변명하고 대답하고 설명하려는 순간 그 사람 패에 말려들고 빠져 나올 수 없는 구렁텅이로 처박힐 것이다.

두 번째 팁. 감정을 드러내면 안 된다. 화를 내거나 비참한 감정을 지어서도 안 된다. 화를 내면 상대방은 이렇게 이야기한다. "야~ 야~ 그 정도 가지고 뭘 화를 내고 그래 사람이 그렇게 쪼잔해!" 라고 그 사람한테 또 말려들게 된다. 또 비굴한 표정과 감정은 상대방이 만만하게 보고 더 무시를 하게 된다. "야야 넌 그러니까 안 돼" 라는 식으로 더욱 비굴해진다. 그래서 자신의 감정을 보이면 드러내는 표정을 짓지 않는 게 좋다. 즉 무표정한 얼굴로 응대하는 것이다. 화를 내거나 비참한 감정을 드러내는 것은 금물이다. 그러는 순간 당신은 당신의 패를 그 사람에게 다 보여주는 것이다. 무표정은 바로 앞서 이야기한 메러비언의 법칙을 역으로 이용하는 것이다. 감정의 패를 숨기는 것이다.

무시당하고 있을 때 해서는 안 되는 행동 세 번째. 웃음과 미소는 금물이다. 웃으면 안 된다. 웃음은 나를 비참하게 만들거나 아니면 상대방을 더 화나게 만든다. 상대방이 화가 나있지 않을 때는 그 웃음은 비참한 웃음이 될 것이다. 또 상대방이 만약에 화를 내고 있는 상황이라면 더 화를 낼 우려가 있다. 이런 식으로 공격당할 수가 있다. "너 왜 비웃어?" 즉 웃음은 화가 나 있는 상황에서는 비웃음으로 보이기 때문이다. 상대방이 나를 무시할 적에는 절대로 웃으면 안 된다. 미소도 피해야 한다. 의학적으로도 내가 화가 나고 내가 비참할 때 억지 웃음을 웃으면 그것은 몸에 도움이 되기는커녕 오히려 내 건강을 악화시킨다고 한다. 스트레스가 가중되고 만병의 근원이라는 코티졸이라는 스트레스 호르몬이 많이 나오는 걸로 알려져 있다. 아무리 웃음이 좋다지만 내가 무시당할 때 상대방이 화를 내고 있을 때는 웃음과 미소는 금물이다.

상대방이 나를 무시할 때 지켜야 될 팁 세 가지. 첫 번째 구질구질하게 변명하지 말고 단답형으로 이야기 하자. 두 번째 자신의 감정 특히 화를 내는 감정이나 비참한 감정을 드러내지 말자. 세 번째 웃거나 미소를 짓지 말자. 상황을 비참하게 만들거나 상대방 사람을 더욱 화나게 만들 것이다.

거짓말

거짓말

거짓말은 갈등의 원인일까? 아니면 갈등의 결과일까? 우리 사회는 거짓말에 대한 강박이 강한 사회이다. 거짓말을 하면 코가 길어지는 피노키오의 동화에서부터 자기가 아버지가 사랑하는 나무를 베었다고 정직하게 고하는 워싱턴 초대 대통령의 위인전기까지-물론 그 전기의 내용도 거짓으로 밝혀졌지만- 거짓말은 나쁜 가치관으로 우리의 뇌에 깊게 새겨있다. 이번 장에서는 거짓말의 기원과 뇌과학으로 본 거짓말 그리고 거짓말의 순기능과 역기능에 대해서 살펴본다.

거짓말의 기원

인간은 두 살부터 무언가 숨기는 것을 배우고 3살부터는 허세를 알고 6살부터는 아부를 배우고 9살이 되면 거짓말의 달인이 된다고 한다. 그리고 성인이 되서는 비밀을 위해서 존엄을 위해서 관계를 위해서 거짓말을 한다. 그러다 보니 인생을 살아가면서 거짓말을 많이 만난다. 심지어 정치인의 거짓말은 너무 자주 접하고 사기꾼도 보고 보이스피싱까지 접하게 된다. 또 우리 스스로도 거짓말을 많이 하게 된다. 그리고 갈등의 원인 중에 하나를 거짓말이라고 판단한다.

그러나 사람들은 평균적으로 하루에 한두 번 이상은 거짓말을 한다고 한다. 그렇다면 거짓말은 나쁜 것일까? 거짓말이 전혀 없는 사회를 다룬 영화 '거짓말의 발명'이라는 가상사회를 보면 그 답을 알 수가 있다. 이 영화 속의 사람들은 전혀 거짓말을 하지 못한다. 오직 진실만을 얘기하고 상대방이 하는 말을 그대로 100% 믿는 사회이다. 당연히 사기꾼이나 거짓말쟁이는 없다.

그런데 그곳은 유토피아가 아니라 완전히 지옥이다. 그 주인공이 회사에서 해고당하는 장면에서 상사는 이렇게 이야기한다. "당신처럼 밥맛없고 능력없는 사람은 처음이다. 당신 같은 사람이 짤리니까 정말 시원하다" 현실사회에서는 해고당할 때 대부분 회사가 어렵기 때문에 이해해 달라는 식으로 이야기를 한다. 그래도 상처를 받는 판에 이런 말까지 하게 된다면 해고당하는 사람의 상처는 거의 트라우마로 남을 것이다. 이게 영화에서 그리는 거짓말이 없는 사회이다.

회사 내에서 조직에서 거짓말이 없이 팩트 그대로 이야기한다면 상대방에게 큰 상처를 주는 것은 물론이고 그 갈등은 감당하기 어려운 상태까지 갈 것이다. 연애를 할 때도 마찬가지이다. 이 영화의 데이트 장면이 나오는데 여자가 남자에게 솔직한 이야기를 한다.

"당신은 데이트 상대로서 정말 밥맛이야!" 또 레스토랑 종업원이 와서 "당신은 정말 밥맛입니다." 라고 이야기한다. 실제로 그런 사회가 있다면 아마도 그곳이 지옥일 것이다. 그래서 거짓말은 우리에게 필수 불가결한 요소이면서 동시에 사회악이기도 한 것이다. 그렇다면 거짓말은 과연 선이냐 악이냐 이런 딜레마에 빠지게 된다. 인문학적으로나 철학적으로 거짓말은 선도 아니고 악도 아니고 가치중립적이라고 이야기한다. 즉 거짓말 자체는 나쁜 것도 좋은 것도 아니고 다만 그 거짓말이 상대방에게 남에게 해를 끼치느냐 아니면 오히려 도움이 되느냐에 따라서 선과 악이 결정될 뿐이다.

그래서 거짓말 자체를 나쁘게 보기보다는 다만 그 거짓말의 작용이 다른 사람에게 악으로 작용하고 그 사람한테 피해를 입혔을 때 그것은 이 사회가 단죄를 해야 될 것이다. 그런 측면에서 정치인들이나 권력에 있는 사람들의 거짓말은 큰 문제가 되고 국민들에게 피해를 줄 수도 있기 때문에 고도의 도덕성을 요구하는 것이다. 이 거짓말은 아주 어릴 때부터 발현이 된다. 심리학에서는 4살 반을 기준으로 인간이 거짓말을 할 수 있는 나이로 본다. 4살 반 이전의 아이들은 거짓말을 전혀 하지 못한다. 즉 자기가 믿고 있는 신념을 남도 그대로 믿고 있다고 이야기한다. "우리 학교에 철수가여 저하고 이렇게 놀았어요. 영희는 이랬대요" 라고 듣는 이가 마치 이미 그 친구들도 다 알고 있다고 믿고 이야기를 한다. 즉 4살 반 이전의 아이들은 내가 알고 있는 신념과 다른 사람이 알고 있는 신념이 다르다는 것을 아직은 모르기 때문에 그렇다. 근데 이것이 약 4살 반이 넘어가면서 내가 알고 있는 신념과 다른 사람이 알고 있는 신념이 다르구나라는 것을 알게 되고 여기서부터 거짓말이 시작된다. 그리고 이것을 아이들은 무척 재미있게 느끼고 본격적으로 거짓말을 시작한다.

아이들이 거짓말을 시작한다는 것은 바로 상대방의 마음을 읽을 수 있다는 뜻이고 사회적 관계 능력이 발달되고 있다는 것이다.

그래서 아이들을 교육할 때 아이들이 거짓말하기 시작하면 부모들이 굉장히 예민하게 반응하는 경우가 있는데 너무 예민하게 반응하지 않을 필요가 있다.

오히려 아이들이 사회적 인지 능력이 발달되고 있구나 하는 것을 인식하고 너그럽게 받아 줄 필요가 있다. 아이들이 더 자라서 다섯 살, 여섯 살, 일곱 살이 되면 부모에게 거짓말을 한 것이 먹혀 들어간 줄 알았는데 그것마저도 부모가 알고 있었더라는 사실도 알게 된다. 다만 그 거짓말이 상대방에게 나쁜 영향을 미쳤을 때에만 따끔하게 이야기할 필요가 있다. 왜냐하면 거짓말은 가치중립적이기 때문이다. 우리는 하루에 한두 번 이상씩은 거짓말을 할 뿐 아니라 새로운 사람을 만나면 세 번 이상 거짓말을 한다고 한다.

"정말 멋있습니다." "머리 스타일 정말 훌륭합니다." "당신 인상이 너무 좋네요." "패션 감각이 아주 뛰어나십니다." "인품이 훌륭하십니다." 라는 등등의 상대방을 추켜세우는 대화는 열 번 중에 서너 번 이상이 거짓이다. 이것을 우리가 선의의 거짓말이라고 한다. 사회적 관계 능력을 맺기 위해서 거짓말을 하는 것이다. 거짓말이 긍정적인 효과로 쓰였을 적에는 사회의 윤활유가 되고 상대방의 자존감을 올려 주기도 한다. 그러나 국가나 사회에 관계되는 공적인 거짓말과 상대방한테 피해를 주는 거짓말은 갈등과 죄악의 원천이 된다.

욕망이 이성을 이길 때

우리는 뉴스에서 사기꾼한테 속아 넘어가는 사람들을 종종 본다. 그럴듯한 투자 사기와 뻔한 거짓말에도 넘어간다. 심지어 대학 교수도 박사도 정치인도 예외는 없다. 인간은 왜 거짓말과 사기에 금방 넘어가는가? 그것은 뇌와 욕망과 아주 깊은 연관이 있다. 자크라캉이라는 심리학자는 인간을 이렇게 묘사했다.

"인간은 욕망하는 존재다. 인간은 태어나서 죽을 때까지 무엇인가 갈구하고 욕망하고 그 욕망하는 데서 존재의 의미를 찾는다." 인간의 욕망은 그렇게 큰 것이다. 그런데 욕망이 크면 클수록 그것을 해결해 주는 거짓말에 이성을 잃어버릴 가능성도 동시에 커진다. 거짓말은 가치중립적이지만 이것이 욕망과 결합하고 타인에게 피해를 줄 때 이것은 쉽게 사기가 된다. 인간의 욕망을 해결해 주는 거짓말은 어떤 게 있을까? 돈에 관한 거짓말이 압도적이다.

큰돈이 벌린다. 쉽게 돈이 벌린다. 아주 싸게 그리고 쉽게 이 집을 살 수 있다. 싼 금리로 쉽게 대출해 주겠다. 등등 이런 거짓말과 욕망이 결합했을 때 사기와 범죄는 우리 앞에 나타난다. 즉 거짓말은 욕망이 클 때 그것을 해결해 주는 형태로 나타난다. 돈, 집, 결혼 등 나의 욕망이 간절하고 클 때 이상하게도 그것을 해결해 주는 달콤한 제안이 적기에 나타나고 그것을 믿고 싶은 나머지 거짓말이 뻔한데도 그 징후를 무시하거나 알아채지 못한다. 욕망이 이성을 덮어버린 것이다. 사기 결혼이 대표적이다.

결혼 전 행동이 이상한 점이 한두 가지가 아닌데도 알아채지 못하거나 무시해 버리고 당하는 경우가 종종 있다. 결혼이 간절하고 또 거기에 상대방이 돈도 많고 집안도 좋고 훌륭한 사람이었으면 정말 좋겠다 하는 욕망이 가득 차 있다면 그때 사기꾼이 거짓말처럼 나타난다. 그리고 신데렐라가 된 듯이 모든 꿈을 다 이루어 줄 것처럼 달콤한 이야기로 포장을 하고 결혼 프로포즈까지 하면 이성은 사라지고 욕망의 문이 열리면서 그 문으로 사기꾼이 들어온다. 그리고 상대방이 사업을 하는데 급전이 필요하다고 하면 쌈짓돈도 주고 심지어 융자까지 받아서 돈을 넘겨주게 된다. 달콤한 미래를 꿈꾸면서, 그러나 돈이 넘어간 순간 그 사람은 사라지고 결국 사기였다는 것이 밝혀진다.

진부한 스토리이지만 한 발 떨어져서 보면 그 사람이 했던 행동과 말들에 많은 허점이 있었고 객관적으로 바라보면 그것이 사기이고 거짓말이라는 것을 알 수 있었음에도 불구하고 사기를 당한다. 욕망과 거짓발이 결합되면 인간의 눈은 가려지고 이성은 증발한다. 빚에 시달리고 있는 사람에게 정부기관이나 금융 기관을 사칭하면서 저리로 융자를 해 주겠다 또는 기존의 고리의 대출을 저리로 대환대출 바꿔주겠다는 달콤한 제안은 정상적인 판단력을 가려 버린다.

욕망이 이성을 덮는 것이다. 그래서 대환 대출을 위한 수수료를 100만 원 200만 원 송금해 버린다. 보이스 피싱의 대부분이 내 돈에 대한 안전의 욕망을 자극한다.

"당신의 돈이 범죄자들에게 노출되었다. 지금 즉시 찾아서 안전 계좌로 송금하라."는 가짜 검사의 전화에 큰돈을 보이스 피싱 사기꾼에게 날리기도 한다. 이렇게 거짓말은 인간의 욕망과 결합하고 그 욕망이 크고 간절할수록 사기와 거짓말은 보이지 않게 된다. 왜냐하면 그 욕망은 뇌에서도 아주 깊숙한 곳 변연계에서 일어나기 때문이다. 인간의 뇌는 삼중구조로 되어 있다고 한다. 해부학적으로 칼로 자르듯이 삼중구조로 딱 잘라지거나 완전히 독립해서 작동하는 것은 아니지만-사실은 모든 뇌가 통합적으로 연결되어 있고 유기적으로 작동하고 있다- 인간의 마음을 이해하는 데 좋은 모델로 평가받고 있다. 맨 바깥쪽이 두뇌 피질인데 영장류의 뇌라는 별명을 갖고 있다. 특히 그중에서 이마 쪽에 있는 전두엽, 이것이 바로 인간의 이성을 관장한다.

우리가 냉철하게 판단하고 상대방을 이해할 수 있고 설득할 수 있고 거짓말을 판별할 수 있는 뇌가 바로 전두엽이다. 두뇌 피질 안쪽에 변연계라는 부분이 있는데 여기서는 욕망을 관장한다. 물론 변연계도 전두엽과 함께 작동하는 것이지만 포유류의 뇌라는 별명을 갖고 있는 이곳에는 편도체, 시상하부 등 많은 복잡한 구조가 욕망과 연결되어 있다.

번식 자원 획득과 돈에 대한 욕망, 성적인 욕망 이런 것들이 변연계에서 발생하고 그때 인간의 전두엽은 혈류가 줄어들어 기능이 저하되거나 심한 경우 마비 상태에 놓이기도 한다. 변연계가 인간의 마음의 중심이 되는 것이다. 모든 결정은 변연계가 하고 인간의 이성은 욕망의 하수인으로 전락한다. 인간의 마음의 주인이 전두엽에서 변연계로 넘어가는 순간 인간은 이성을 잃어버리고 욕망에 지배당하게 되는 것이다. 그래서 바로 뻔한 거짓말에 쉽게 넘어가는 것이다.

이런 뇌과학의 설명은 자크라캉의 "인간은 욕망하는 존재다." 라는 명제를 더욱 확고히 한다. 혹시나 욕망을 해결해 주는 달콤한 이야기나 전화 사람들의 제안이 있다면 그 욕망이 간절하고 너무 큰 것이 아닌지를 그리고 그 욕망 때문에 그 이야기가 너무나 달콤하게 들리지 않는 지를 냉정하게 판단해 볼 필요가 있다. 세상에는 공짜가 없다. 그러나 그 공짜는 인간의 욕망을 파고 든다.

리플리 증후군

거짓말은 남보다 우월하고 싶은 자존감의 표현이라고도 한다.

평생을 거짓말과 허황됨, 사기로 살아가는 사람, 인생 자체가 허구인 사람 이런 사람을 리플리 증후군이라고 한다. 프랑스 영화의 전성기를 이끈 영화 중에 1960년작 '태양은 가득히' 라는 영화가 있었다.

이 영화의 주인공 이름인 리플리에서 이 증후군의 이름을 따왔다. 이 영화는 미국의 소설가 패트리샤 하이스미스가 1955년에 쓴 연작 소설 '재능 있는 리플리(The Talented Mr. Ripley)'가 원작이다.

이 소설은 여러 번 영화로 제작되었지만 프랑스 영화의 중흥기를 이끈 유명한 미남 아랑드롱이 주연한 출세작이 가장 인상 깊다. 아랑드롱의 배역이 그 주인공 '리플리'였다. 주인공 리플리는 비루한 하류인생의 삶을 살아가던 중 우연히 선박 재벌의 신뢰를 얻게 되고 그의 아들 디키가 이탈리아에서 방탕한 생활을 하고 있는 것을 알게 된다. 리플리는 방탕한 아들 디키를 미국으로 데려오면 큰돈을 주겠다는 제안을 받는다.

'태양은 가득히'에서 리플리는 디키의 고등학교 동창생으로 자연스럽게 디키에게 접근하고 미국으로 돌아갈 것을 권유한다. 그러나 방탕하고 아무에게도 간섭받지 않는 생활에 익숙해진 디키는 미국으로 돌아갈 생각이 전혀 없다. 리플리는 디키가 가진 모든 것들에 대한 동경을 느끼고 상류층 사회에 대한 열망이 싹튼다. 그러다 어느 날 요트 여행 중에 디키가 거만한 태도로 리플리를 무시하자 리플리는 우발적으로 그를 죽인다. 그리고 모든 사람을 속이고 자신이 디키인 것처럼 행동하며 동경해 온 삶을 살아간다.

디키의 서명을 위조하여 예금을 탈취하고 상류층의 삶을 흉내내며 디키의 애인마저 자신의 여자로 만들어 버린다. 그리고 자신이 예전의 비루하고 초라한 리플리에서 상류층의 디키가 된 것으로 착각하며 거짓말을 지키기 위해 살인도 서슴지 않게 된다. 결국은 디키의 시신이 발견되면서 살인사건의 전말이 백일하에 드러나는 그런 비극적인 내용이다. 이 소설 주인공의 이름에서 바로 리플리 증후군이라는 말이 나왔다. 리플리 증후군은 인생 자체가 허구인 사람, 인생 자체가 거짓인 사람을 이야기하는데 그냥 거짓말과는 좀 차이가 있다. 일반적인 거짓말은 다른 사람을 속임으로써 어떤 이익과 이득을 목적으로 하게 되는데 이런 것은 사기나 거짓말이라는 것을 잘 알고 있고 심리적 불안감이나 죄책감을 일으키는 데 반해 리플리 증후군은 현실을 부정하고 자신이 만든 허구를 진실인 것처럼 믿게 되는 정신적 증상이다. 즉 본인이 만들어낸 허구를 본인도 진실로 믿는 것이다. 리플리 증후군은 허언성 과대망상증으로 불리기도 하고 환상 거짓말(Pseudologia fantastica) 혹은 병적 거짓말(Pathological lying)이라고도 한다.

우리 주변에도 이런 사람들을 심심치 않게 본다. 우리 아버지는 교수 출신이고 우리 어머니는 선생님 출신이고 우리 집안은 어떻고 우리 재산이 얼마고 상류층인 것처럼 자랑을 늘어놓지만 알고 봤더니 전부 다 허구이거나, 대학을 어디를 나왔고 미국 유학을 갔다 왔고 연봉 몇 억의 직장에서 일하는 것처럼 떠벌리는데 전부 다 허구인 경우가 그런 경우다. 이런 것이 바로 허언성 과대망상증 또는 리플리 증후군이라고 한다. 그렇다면 이 리플리 증후군은 왜 생기는가? 바로 자존감이 낮은 사람이 자기의 자존감을 높혀 보려고 하는 것이다. 그들의 내면에는 열등감, 자기애의 손상, 또는 과도한 성취욕이 있다.

그들은 현재 자신이 처한 상황으로는 과도한 성취욕구를 충족시킬 수 없기에 자신만의 허구를 만들어 낸다. 그리고 그 환상 속에서 신분 상승을 해결한다. 이것을 본능으로 이야기하자면 서열이 낮은 사람이 서열을 높여 보려고 하는 것이다. 즉 리플리 증후군은 서열 본능이 강한 사람이 심리적 서열을 높이기 위해 무의식적으로 거짓말의 세계를 창조하는 것이다. 심지어 자기 나이도 속이고 자기 인생도 속이고 상대방한테 피해를 주게 된다.

꽤 오래전에 동국대 교수이면서 또 비엔날레 광주 비엔날레 최고 책임자였던 모 여자 교수가 있었다. 알고 봤더니 그 교수가 미국에서 받았다는 모든 대학 경력, 졸업장, 석 박사학위 이것이 전부 다 가짜인 걸로 밝혀지고 학력뿐만이 아니라 그 사람 인생 자체가 허구인 걸로 밝혀지면서 대한민국이 발칵 뒤집어진 적이 있었다. 그러고 나서 대한민국은 허위학력 색출이라는 매카시즘의 광풍에 휩싸이고 사회전체가 갈등의 소용돌이에 휩싸인 적이 있었다. 모든 언론이 흥분하고 기사를 집중적으로 쏟아냈다. 전형적인 마녀 사냥의 모습 속에서 많은 연예인들과 학자들의 학력이 폭로되고 매장되는 사태가 연일 계속되었다.

그 사태의 출발이 그 교수의 거짓말 때문에 일어난 일이었다. 그리고 그런 현상이 리플리 증후군이라는 것이 알려지면서 이 용어가 널리 회자되었다. 리플리 증후군은 남들보다 위에 서고 싶고 성취욕은 과도한데 현실은 그것을 이룰 수 없을 때 거짓말과 허구로 그것을 이루려고 하는 것이다. 리플리 증후군의 사람은 본능적으로 서열 본능이 발달된 사람이며 동시에 끊임없이 자기 자랑을 하며 허황된 이야기를 진실처럼 이야기한다.

그리고 그것이 밝혀졌을 때 갈등이 고조되거나 아예 본인이 사라져 버리기도 한다. 또한 타인의 욕망과 결합되었을 때 사기 같은 범죄로 연결 된다.

아스퍼거 증후군

이 세상에 거짓말을 하지 않는, 오직 진실만을 이야기하는 사람이 있을까? 놀랍게도 그런 사람들이 있다. 거짓말을 하지 못하는 사람 그리고 다른 사람의 거짓말도 진실로 받아들이는 사람, 은유와 비유를 이해하지 못하는 사람이 속하는 곳이 바로 아스퍼거 증후군 그리고 자폐스펙트럼이다. 아스퍼거는 사이코패스와는 상당히 다르다. 싸이코패스는 타인을 제압하려 하고 살인을 저지르는 등 반사회성을 가지며 거짓말도 밥먹듯이 한다. 그러나 아스퍼거 증후군은 남을 제압하거나 범죄와는 거리가 멀다.

그런데 사회에서는 이 둘의 구분을 잘하지 못하는 것 같아서 순수한 아스퍼거 증후군을 가진 사람에 대한 편견을 조장할까 우려가 된다. 몇 년 전 한 원룸에서의 기이한 살인 사건을 또 한 번 이야기할 차례이다.

그 살인 사건은 기이하게도 여 선생님이 아주 덩치가 큰 남성 제자를 학대하다가 학대 끝에 살인을 하게 된 것이었다. 둘의 관계를 알아보니 그 여선생님은 그 고등학생이 학교를 다니던 시절 교생을 나갔던 사람이었다. 교생실습을 나가서 그 학생을 알게 되어 개인지도를 하게 되었는데 성적이 오르고 부모들도 그 교생을 신뢰하게 되었다. 그리고 부모의 허락을 받고 학교도 자퇴하고 인천에 있는 원룸으로 거처를 옮겨서 개인 과외 지도를 하게 된다. 그런데 인천에 이사를 하자마자 선생의 학대가 시작되고 이 학생은 이 여선생한테 정신적으로 사로잡혀서 학대를 받아들이고 한겨울에 찬물로 고문을 당하고 매질을 당하다가 결국에는 사망까지 이르게 된다. 이 사건은 매우 기이한 사건으로 많은 언론의 주목을 받았는데 경찰에서 교생선생이 나르시시스트 성향을 가진 아스퍼거 증후군이라고 발표를 하게 된다. 진짜 아스퍼거인들에게 상처를 주는 일이 아닐 수 없다. 나르시시스트와 아스퍼거는 많이 다르다.

그 여선생은 아스퍼거라기보다는 나르시시스트나 싸이코패스, 소시오패스에 더 가까울 수 있다. 사이코패스와 아스퍼거는 타인의 감정을 잘 읽어 내지 못한다는 점에서는 비슷한 것 같지만, 아스퍼거는 타인과의 소통에 문제가 있는 반면 싸이코패스는 소통이 안 되는 것은 물론 반사회성까지 있다. 살인을 하거나 해를 끼치고도 거기에 대해서 감정을 느끼지를 못한다. 아스퍼거 증후군은 그런 것보다는 은유와 비유를 이해하지 못하고 직설적으로 이야기를 하며 그러다 보니 상대방에게 상처를 주는 경우가 많다.

아스퍼거 증후군은 선천적으로 타고 나는 경우가 많다. 태아가 임신되었을 때 여러 호르몬의 영향을 많이 받게 되는데 그중에 중요한 호르몬 하나가 바로 남성호르몬 테스토스테론이다. 남아의 경우에 임신 8주부터 24주 사이에 남성 호르몬이 엄청나게 많이 나오게 되는데 이 시기를 남성호르몬 샤워기라고 한다. 인간의 뇌가 여러 가지 형태로 변하게 되는데 남자의 경우 남성형 뇌로 변하게 된다.

여성의 경우에는 여성호르몬 에스트로겐의 영향을 받아 여성형 뇌로 변한다. 그런데 남성호르몬에 너무 많이 노출되면 극단적 남성의 뇌로 가게 되는데, 이때 발생하는 것이 자폐 스펙트럼이다.

자폐 스펙트럼에는 매우 다양한 증세가 존재하는데 그중에 하나가 아스퍼거 증후군이다. 이 자폐 스펙트럼과 아스퍼거 증후군의 중요한 특징은 다른 사람의 마음을 읽지 못한다는 것이다. 인간은 네 살 반 이후부터 상대방의 마음 즉 타인의 신념을 이해하고 그때부터 거짓말을 하기 시작한다고 거짓말의 기원에서 밝힌 바가 있다. 그러나 자폐나 아스퍼거 증후군은 이 시기에 다른 사람의 마음을 읽는 능력이 발달하지 못한다. 그래서 거짓말을 잘 하지 못하고 직설적으로 있는 그대로 이야기하다 보니까 남에게 상처를 주기도 한다. 영화 '거짓말의 발명'의 사회에 나오는 그런 사람들처럼 있는 그대로 얘기하는 것이다.

"야 너는 왜 이렇게 밥맛이야?" "너는 왜 이렇게 능력이 없어?"

"너는 몸매가 왜 그러니? 너는 왜 이렇게 못 생겼니?" "이 음식이 왜 이렇게 맛이 없어" 등등 마치 영화 속의 주인공들처럼 자기 나름대로는 진실한 이야기를 상대방에게 가식 없이 이야기한다.

그리고 상대방은 상처를 받고 갈등의 씨앗이 뿌려진다. 더군다나 이 아스퍼거 증후군은 다른 사람의 말도 잘 이해하지 못한다. 즉 은유와 비유를 이해하지 못한다. 이 세상의 언어는 은유와 비유로 이루어져 있다.

"나는 당신을 사랑해서 가슴이 용광로처럼 뜨거워졌습니다" 이런 이야기를 아스퍼거 증후군인 사람은 이해하지 못하고 체온계로 가슴을 재 보거나 체온은 36.5인데 왜 용광로처럼 뜨거워졌냐고 거짓말을 하지 말라고 말하기도 한다. 자폐 스펙트럼이 갖고 있는 공통적인 현상이다.

서양 속담에 "다른 사람의 신발을 신어 봐라"라는 말이 있다. 역지사지 즉 다른 사람의 입장에 서 봐라라는 뜻인데 아스퍼거같이 자폐 스펙트럼에 있는 사람들은 고민에 빠진다. "냄새 나는 다른 사람의 신발을 신으라니 도대체 이건 무슨 말인가?" 비유를 이해하지 못하고 거짓말도 이해하지 못하는 게 바로 아스퍼거 증후군이고 자폐 스펙트럼이다. 자폐아의 경우 남아 대 여아의 비율이 4대1에서 5대1 정도이고 아스퍼거 증후군 같은 경우는 거의 20대1 즉 남자 어린이가 20명이면 여자 어린이가 한 명 정도밖에 되지 않는다. 남성호르몬의 영향으로 형성된 극단적 남성의 뇌인 것이다. 자폐 스펙트럼, 거짓말을 하지 못하고 비유와 은유를 이해하지 못한다는 사실을 알면 이들과 좀 더 현명한 대화가 가능하고 갈등을 줄여 나갈 수 있을 것이다.

분노조절장애

분노조절장애

지금 우리는 분노조절장애 시대에 살고 있는지도 모른다. 길거리에서 지하철에서 분노조절이 되지 않아 아주 작은 시비도 커다란 싸움으로 번지고 심지어 살인과 폭행으로 이어지는 사건이 하루가 멀다 하고 뉴스를 장식한다. 분노조절장애는 단순한 갈등이 아니다. 뇌의 문제이며 욕망의 문제이며 성장기의 문제이기도 하다. 이번 장에서는 분노조절장애의 다양한 원인을 짚어보고 극복방안을 모색해 본다.

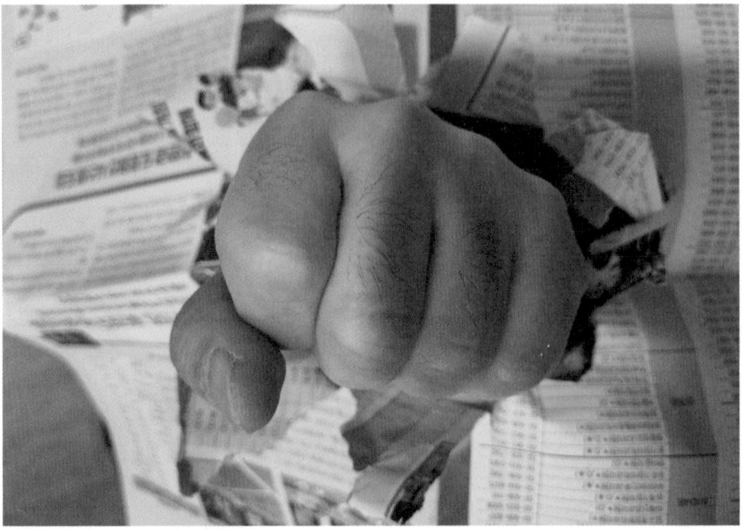

욕망이 좌절될 때

분노조절장애와 욕망은 어떤 연관이 있을까? 신프로이드 학파의 거두 자크라캉이라는 심리학자는 이렇게 이야기했다. "인간은 욕망하는 존재다. 우리는 욕망하기 위해서 태어났다. 인간은 욕망의 화신이며 그 욕망은 다른 사람에게서 나를 인정받기 위해서 일어난다. 그리고 그 욕망이 실현되지 않을 때 바로 소외가 일어난다" 그런데 이 욕망이 하고 싶다고 해서 다 이루어지는 게 아니다.

이것은 경제성장률과 아주 밀접한 관계가 있다. 우리나라의 경우에 70~80년대 또는 90년대까지만 봐도 경제성장률이 높았을 때는 10% 이상 14%일 때도 있었다. 평균적으로 7%~8% 고도 성장기에는 대부분의 국민들의 욕망은 높은 확률로 이루어졌다. 열심히 일을 하면 돈을 벌 수 있고 집을 살 수 있었고 사회적 신분 상승을 꿈꿀 수 있었다.

그때 사 놓은 집은 두 배 세 배 또는 열 배 이상으로 올라 자산 축척이 쉬웠다. 그리고 기업도 비약적인 성장을 했기 때문에 취직하기도 쉬웠다. 그 당시에 보통 대학 졸업을 하면 대기업에 두세 군데 한꺼번에 취직되는 일이 허다했고 어디로 가야 될지 고민하는 사람들이 많았다.

욕망을 실현할 수 있는 시대였다. 즉 지금의 기성 세대는 결혼해서 가정을 일구고 자식을 키우고 집도 사고 차도 사고 해외여행도 가고 명품도 사는 욕망이 실현되는 시대에서 성장하고 살아왔다. 그런데

2000년대로 넘어오면서 이 경제성장률은 뚝 떨어져서 보통 2%내에서 정지가 된다. 이런 현상은 우리나라만 그런 것이 아니라 국민소득이 3만 불 이상 되는 선진국에서도 모두 다 공통적으로 일어나는 현상이다. 1인당 국민소득이 3만불 이상이 되는 국가 중에 경제성장률이 7%~10%의 고도 성장을 하는 나라는 찾아보기 힘들다. 중국이나 베트남 같은 개도국에서나 그렇게 높은 경제성장률을 보인다.

그래서 어느 정도 성장을 마친 선진국은 낮은 경제성장률을 보이며 심지어 유럽 같은 경우에는 마이너스 경제성장률로 진통을 겪고 있다. 욕망을 실현할 수 없는 사회가 되어 가는 것이다. 특히 젊은이들의 욕망이 좌절되는 사회로 변하는 것이다. 기성세대들의 집들이 수십억이 될 때 새롭게 사회에 진입하려는 젊은 층은 욕망이 좌절될 수밖에 없는 것이다. 자크라캉이 갈파한 대로 이때 인간은 아주 지독한 소외감을 느낀다. 저성장의 경제성장률 시대에는 많은 사람들이 욕망 좌절로 인해서 소외를 느낄 수밖에 없다. 욕망이 좌절된다는 것은 우리 뇌에서 큰 변화를 야기시킨다. 스트레스 호르몬이라고 불리는 코티졸이라는 호르몬 상태가 높아지는데, 이 상태가 오랜 시간 지속되면 우리 뇌가 망가지기 시작한다. 또한 코티졸 수치가 높아지면 전두엽이 순간적으로 마비되기도 한다. 전두엽은 우리의 이성을 관장 하는 곳이다. 욕망을 절제하고 분노를 통제하는 곳이다.

이곳이 마비되면 우리는 욕망과 분노를 통제하기 어려워진다.

특히 전두엽 중에서도 이마 양쪽에 있는 부분을 배외측 전전두엽이라고 하는데 이 부분이 우리의 욕망과 분노를 통제한다. 이 부분이 망가지면 분노 조절이 잘 안되고 물욕, 성욕, 식욕 등 욕망 조절이 어려워진다. 치매 환자에게서 이런 증세를 볼 수 있다. 치매는 전두엽부터 퇴화하는 경우가 많기 때문이다. 두뇌피질 안쪽에는 변연계라고 하는 부분이 있는데 여기서 인간의 욕망을 관장하고 있으며 포유류의 뇌라는 별명을 가지고 있다고 거짓말 편에서 설명한 바가 있다.

변연계 안의 시상 하부는 물욕을 담당하고 편도체는 분노 등을 담당한다. 대부분의 포유류는 같은 구조를 가지고 있다. 이 변연계에서 본능이라고 할 수 있는 욕망, 즉 서열본능, 영역본능, 성, 식욕 본능 등이 일어난다. 그리고 이성을 담당하는 전두엽과 끊임없는 갈등을 일으킨다. 이성이 압도적일 때는 욕망과 분노는 쉽게 통제되지만 전두엽이 마비되었을 때는 변연계의 욕망이 인간을 지배한다.

물론 쥐도 전두엽이 있고 개도 전두엽이 있다. 그러나 인간만큼 이 전두엽이 굉장히 두텁게 풍부하게 발달되어 있지 않다. 이 전두엽이 변연계의 본능과 욕망을 제어한다. 인간을 인간답게 만들어 내는 이성 윤리 이런 것들은 바로 이 전두엽에서 빛을 발한다. 그런데 욕망과 본능이 좌절되면 스트레스 호르몬 코티졸이라는 호르몬이 전두엽을 특히 배외측 전두엽을 마비시켜 버린다. 이곳이 마비되면 인간은 동물과 다를 바가 없는 것이다. 욕망이 좌절되면서 분노 조절이 안 되는 것이다. 이런 현상은 순간적으로 일어나기 때문에 본인도 느끼지를 못하고 본인의 자유 의지로 착각한다. 그리고 이런 상태가 계속되면 아예 영구적으로 전두엽에 손상이 갈 수가 있다.

오늘날 이 사회는 경제성장률이 2% 미만으로 욕망이 실현되기 어려운 구조로 바뀌고 있다. 특히 코로나로 인해서 마이너스 성장률이 오래가고 취업이 안 되고 기존의 취업자들마저 실업자가 되고 자영업자들도 힘들어진 상황에서 욕망은 좌절될 수밖에 없다. 전두엽은 코티졸에 의해서 지속적으로 마비되고 손상이 간다. 뇌 안쪽에 있는 변연계에 대한 통제력은 떨어지고 분노조절 장애로 갈 수밖에 없는 것이다. 자크라캉이 이야기한 욕망에 의해서 우리가 소외된다는 것은 코티졸이란 호르몬으로 우리의 뇌가 마비될 수 있다는 것은 아닐까?

서열이 박탈될 때-무의식

살인 사건 뉴스를 자세히 보면 "자신을 무시해서 순간적으로 그런 일을 저질렀다"라는 멘트를 흔히 본다. 왜 어떤 사람들은 자신을 무시하는 것을 도저히 참지 못하고 극단적인 선택을 하는 것일까? 가장 전통적인 설명은 인성 문제를 거론한다. 그래서 인성교육이라는 것이 학교에서 군에서 들불같이 퍼져 나갔다. 그러나 인성교육이 폭발적으로 증가했음에도 불구하고 인성이 나아졌다는 이야기는 들어본 적이 없다. 다른 대안으로 마음의 근육, 회복탄력성의 문제를 지적하기도 한다. 또는 자라온 환경에서 지속적으로 무시를 당해서 내면에 분노를 안고 살아가는 내면아이의 문제로 설명하기도 한다.

그러나 본능이라는 관점에서 보면 서열이라는 문제로 해석이 가능하다. 그런데 이 서열이라는 것은 나의 자유의지나 이성보다는 프로

이드가 주창한 무의식에 가깝다. 인간의 마음을 정신 분석학이라는 학문으로 끌어들인 사람이 바로 프로이드다. 프로이드는 정신분석 학자로서 굉장히 오랫동안 정신분열증(조현병)환자들을 상담 했는데 많은 사람들과 상담을 하면서 좀 이상한 것을 발견했다.

인간의 자유의지 또는 인간의 의식 이면에 인간이 알 수 없는, 의식이 아닌 것이 있다고 보았다. 그리고 그것이 인간의 의식을 조종하고 있는 것이라고 결론지었다. 그것이 무의식이다. 무의식은 이드(ID)라고 하는데 그 뜻은 영어의 이트(IT)이다. 그것이라는 뜻이다.

의식이 아닌 어떤 그것이라는 뜻에서 보면 이드(ID)라는 명칭은 탁월한 작명이다. 인간의 의식은 정신분석학 용어로서 에고(ego)라고 한다. 인간의 의식 즉 에고(ego)의 내면에 인간의 의식을 조정하는 그 무엇인가가 이드(ID)인데 프로이드는 이 무의식을 조정하는 것을 성(性)으로만 해석을 했다. 소위 리비도라고 부르는, 쉽게 이야기하면 바로 섹스가 우리 무의식의 실체라고 보았다. 무의식의 세계에서 리비도(性)가 충동하고 결정하는데 의식은 다만 그것을 표현형으로 나타내는 것뿐이라는 것이다. 프로이드는 너무나 극단적으로 모든 것을 성으로만 해석해 내고 심지어 꿈까지도 리비도로 해석해 내는 바람에 너무 무리한 해석이라는 학자들의 많은 반론을 불러 일으켰다. 최근에는 인지심리학이 심리학의 주류가 되면서 프로이드의 학설은 과거의 흘러간 학설로 치부되어 버리는 그런 분위기다.

현대 뇌과학이 발달하면서 인간의 의식을 조정하고 무력화하는 무의식이 실제로 존재한다는 주장이 힘을 얻고 있다. 그 무의식을 관장하는 곳이 이 앞장에서 이야기한 변연계와 뇌간이다. 인간의 물욕과 성욕, 식욕, 서열 욕구 그리고 생존 욕구를 관장하는 곳이다.

전두엽이 있는 두뇌피질이 프로이드가 얘기한 에고(ego-자아)와 슈퍼에고(Super ego-초자아) 즉 의식의 세계라고 볼 수 있다. 그리고 이 두뇌 피질 안쪽에 있는 변연계가 무의식의 세계 이드(ID)라고 볼 수 있다. 인간의 욕망을 본능으로 표현해 본다면 서열 영역, 성, 식욕 이런 것들이 아주 원초적인 본능이다. 이 원초적인 본능은 우리 의식과는 별개로 돌아간다. 아니 어쩌면 우리의 의식을 조종하고 우리의 의식 뒤에서 갑질을 하고 있는지도 모른다. 그래서 전두엽과 변연계 부분은 두 개가 서로 충돌하며 별개의 인격체처럼 작동하고 있다라고 주장하는 학자도 있다(폴맬린 박사/ 미국 국립정신건강연구소). 그리고 이 변연계 맨 안쪽에 파충류의 뇌라는 별명을 갖고 있는 뇌간이 있다.

뇌간은 우리의 생존 문제에 관여를 한다. 우리가 의식을 하지 않아도 심장을 뛰게 하고 혈압을 조정하며 돌멩이 같은 게 날아왔을

뇌의 삼중구조와 프로이드의 의식과 무의식의 세계

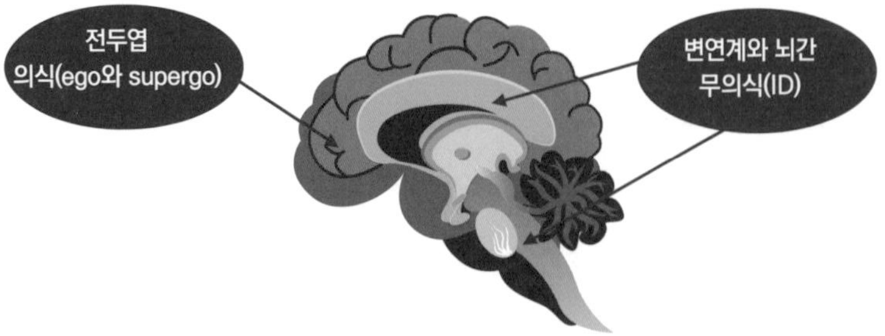

때 반사신경으로 몸을 움추리게 한다. 변연계와 뇌간은 우리의 의식을 조종하고 우리 의식 뒤에서 우리를 본능의 세계로 끌고 간다는 것이다. 그중에 중요한 것 하나가 바로 서열이다. 인간을 유전자 보존을 위해 맹목적으로 프로그램된 로봇기계(리차드 도킨스)라는 관점에서 봤을 때 서열은 대단히 중요한 인간의 무의식 중에 하나이다. 의식적으로 "서열을 높여야지" 이렇게 생각하면서 대화하는 사람은 없다. 자신도 모르게 잘난 척을 하며 자랑질을 하게 되는 것이다. 그것이 본능이 작동하는 방법이다. 나는 번식을 하기 위해서 출세를 해야지 하고 생각하는 사람도 없다. 그러나 우리가 출세를 하거나 또 내가 남보다 잘 보이거나 또 명품을 가지면서 남에게 우쭐대려고 하는 그런 마음 뒤에는 내가 알지 못하는 본능-바로 서열이 있다는 것이다. 그런데 서열이 무시되면 무서운 일이 일어난다. 서열이 무시될 때 변연계는 흥분을 하게 되고 변연계 안의 편도체라는 부분은 완전히 광란의 도가니에 빠진다. 그때 스트레스 호르몬이며 공격 호르몬인 코티졸이 분출된다. 코티졸은 전두엽을 마비시킨다. 전두엽이 마비되는 순간 이성의 통제권을 잃어버린다.

즉 에고(ego-자아)와 슈퍼에고(Super ego-초자아)가 증발하고 의식을 잃어버리는 것이다. 아주 심한 경우에는 순간적으로 앞이 전혀 보이지 않고 하얗게 되어 버린 상태에서 분노를 표출해 버린다. 심지어 자기가 무슨 행동을 했는지 모르는 사람도 있을 정도이다.

그 순간에 코티졸에 의해서 전두엽이 순간적으로 마비되어 버린 것이다. 포유류의 뇌라고 불리우는 이 변연계가 우리의 마음의 주인이 되어 버린 것이며 무의식의 세계가 표출된 것이다. 그 중에서도 서열이 인간의 의식 즉 에고(ego-자아)와 슈퍼에고(Super ego-초자아)를 장악해 버린 것이다. 많은 살인사건의 가해자들이 나를 무시해서 또는 우리 집안을 무시해서 그런 극단적인 일을 저질렀다고 이야기한다. 무시를 한다는 것은 심리적 서열이 떨어지는 것이다.

서열이 떨어진다는 것은 나의 존재 의미를 잃어버리는 것이고 나의 무의식을 건드리는 것이다. 전두엽은 마비되고 인간이 인간이라고 할 수 있는 공감 능력이나 타인을 배려하는 마음이나 또 이 사회를 의식할 수 있는 의식은 증발해 버린다. 순간적으로 변연계에 지배당하며 분노가 표출되고 그런 살인 사건을 일으킬 수 있는 것이다. 대한민국은 지금 분노 사회이다. 작은 일에도 흥분하고 분노한다. 분노사회에서 잘 살아가려면 절대 남을 무시하는 말이나 행동은 피해야 한다. 그것이 갈등을 최소화하고 분노를 피할 수 있는 길이다. 인간의 의식 뒤에 있는 본능, 무의식을 의식하면서 살아야 하는 시대이다.

성장기의 갈등

요즘 초등학생, 중고등학생들의 분노조절장애도 급증하고 있다. 심지어 선생님과 부모님에게 반항하고 폭행까지 저지르는 경우도 있다. 학교에서 가정에서 갈등은 증폭되고 해법은 찾기가 어려워지고 있다.

도대체 왜 이런 일이 일어날까? 요즘 어린아이들과 그리고 중고등

학교 청소년들의 분노조절장애는 굉장히 무섭다. 그중에 제일 무서운 아이들이 중학교 2학년이라는 말도 있다. 심지어 북한이 중학교 2학년 때문에 못 쳐들어온다는 우스개 농담까지 있을 정도이다.

이상하게도 중학교 2, 3학년 올라가면 자신의 분노를 조절하지 못해서 친구들을 괴롭히거나 선생님한테 덤비고 폭행하거나 가정에서 문제를 일으키는 아이들이 급증하는데 그 이유는 뇌 과학이란 관점에서 봤을 때 크게 두 가지로 설명을 해 볼 수가 있다. 먼저 본능이란 관점에서 아이들에게 뇌에 미치는 영향이다. 두 번째는 화학성분이 있는 식품이 뇌에 미치는 영향이다. 우리의 뇌는 태어나면서부터 완전히 세팅돼서 나오는 것이 아니다. 특히 그중에서도 전두엽은 미성숙 상태로 태어나게 된다. 즉 갓난아기의 뇌는 전두엽이 거의 발달되어 있지 않은 상태이다. 그에 반해서 이 전두엽 안쪽에 있는 변연계와 뇌간은 태어날 때부터 거의 완전한 상태이다. 즉 우리 인간은 태어날 때부터 본능이나 생존 능력은 거의 완전하게 세팅되어 있는 것이다.

그래서 아기들은 타고난 본능으로 움직이고 생존한다. 젖을 빨고 엄마를 보고 반응하고 기어가고 하는 것들이 전부 본능이다. 반면에 우리의 의식을 관장하고, 공감능력, 타인을 배려하는 능력, 사회적 관계를 맺는 능력, 미래를 위해서 현재의 욕구를 참는 능력 -만족지연능력- 즉 인간이라고 얘기할 수 있는 모든 것은 바로 전두엽 속에 들어 있다. 그리고 이 전두엽은 태어나면서부터 점점 발달하게 되는데 13세부터 17세 중고등 학교 시기에 전두엽이 폭발적으로 성장한다.

이때 전두엽이 거의 새로 태어난다고 할 정도로 우리 뇌는 완전히 변한다. 이때의 폭발적인 변화는 그 이전의 어릴 적의 경험과 환경이 결정적인 영향을 주는데 특히 7세부터 12세 초등학교 시절의 경험이 중고등학교 때 뇌의 성장에 가장 큰 영향을 주는 것으로 현대 뇌과학이 밝혀냈다.

그래서 어릴 적 특히 초등학교 때의 잘못된 경험과 환경은 전두엽의 성장에 영향을 미치고 심지어 전두엽이 제대로 발달하지 못하는 경우도 생긴다. 그래서 껍데기는 인간이지만 본능을 통제하지 못하는 분노조절이 되지 않는 상태가 돼 버릴 수도 있는 것이다. 거의 동물의 뇌와 비슷하다고 해도 과언이 아닐 것이다. 그렇다면 초등학교 때 아이들을 어떤 환경에서 키워야 될 것인가? 아이들에게 좋은 환경이라고 하면 일반적으로 성공한 부모에 좋은 집에 좋은 옷, 그리고 훌륭한 학교에 비싼 과외, 학원 이런 것을 제공하는 거라고 착각한다. 그런데 뇌과학이라는 관점에서 보면 이것은 절대로 좋은 환경이 아니다.

아이들에게 좋은 환경과 나쁜 환경을 극단적으로 나누어서 얘기하자면 이런 것이다. 아이들에게 가장 좋은 환경은 자율성을 주는 것이다. 가장 나쁜 환경은 통제와 간섭으로 자율성을 박탈하는 것이다. 자율성을 박탈하는 것과도 같다. 서열이 낮은 개체는 언제나 통제와 간섭이라는 환경 속에 살고 있다. 즉 아이들을 통제와 간섭으로 공부시키고 스스로 하는 기회를 박탈하는 환경은 서열을 박탈하는 행위이다.

자연계에서도 서열이 낮은 개체는 통제와 간섭을 당한다. 통제와 간섭을 당하면 인간의 뇌에서는 코티졸이라는 무시무시한 호르몬이 나오며 이 코티졸이 이 인간의 전두엽을 망가뜨리는 호르몬이라고 앞서 여러 번 설명하였다. 코티졸은 성장이 다 끝난 성인의 전두엽도 마비시키고 망가뜨리는데 전두엽이 한참 성장하고 변화하는 시기에 통제와 간섭이 심화되면 청소년의 전두엽은 제대로 성장하지 못하고 심각하게 손상을 입게 된다. 즉 인간의 인성을 관장하는 전두엽은 영구히 손상을 입게 되고 본능을 통제할 수 없게 되고 분노조절장애로 가는 것이다. 아이들이 공부는 잘하는데 인성이 나빠졌다고 볼 수 있는 것이다. 우리 아이들에게 하루 종일 공부시키고 학원에 보내고 가혹한 스케쥴 속에 몰아넣는 것은 지독한 통제와 간섭에 몰아넣는 것이고 뇌과학으로 봤을 때 인성을 말살하는 교육방법이다. 부모들은 이렇게 이야기한다.

"너는 부모가 시키는 대로 따라 오기만 하면 돼! 그래야 좋은 대학에 갈 수 있어"라고 스파르타식 교육을 시킨다. 좋은 대학에 갈 수 있을지는 모르나 아이들의 인성은 완전히 망가져 버리고 심지어 아이에게 비싼 돈 들여서 미국 유학까지 보냈는데 돌아와서 부모를 죽이는 그런 패륜까지 일어난다. 그 저변에는 성장 환경에서 자율성은 사라지고 통제와 간섭으로 본능을 침해당해서 전두엽이 발달될 기회를 박탈당한 채로 성장시켰던 교육 환경이 만연해 있다.

수학은 잘 풀고 시험 성적은 잘 나와 좋은 대학에 갈지 모르지만 결국 분노 조절이 되지 않고 인성이 망가져 버려 사회에 적응하지 못하고 아이들의 미래를 망쳐 버린다. 인간의 무의식(ID)을 본능이라는 관점에서 보면 결국 서열과 영역 같은 것들이 보장될 때 인간의 의식(EGO와 Super-EGO)도 성장할 수 있는 것이다.

서열을 보장한다는 것은 심리적 서열을 높여 준다는 의미이고 그 핵심은 자율성이다. 자율성은 스스로 선택하고 스스로 결정하고 자기가 결정한 대로 할 수 있는 것 이것이 자율성이다. 동물의 세계에서도 서열이 높은 개체는 자기가 마음대로 할 수 있다. 인간은 자율성을 가지고 태어났다고 말한다. 즉 이것은 본능이기 때문에 자율성이 주어졌을 때 심리적 서열이 높아진다.

심리적 서열이 높아지면 우리 뇌는 세로토닌 상태가 되고 세로토닌은 전두엽을 활성화시킨다. 특히 전두엽이 폭발적으로 성장하는 청소년시기에 행복호르몬으로 알려진 세로토닌은 결정적인 역할을 한다. 세로토닌이 전두엽을 잘 발달시키고 인성을 크게 성장시키면 분노조절도 잘 되고 참을성과 인내심도 늘어난다. 그러므로 학장시절에 아이들에게 자율성을 부여 하는 것이 가장 중요한 교육이다. 이것이 배제되었을 때 분노조절 장애는 물론 ADHD 심지어 틱 장애까지 발생할 수 있다. 가정에서 사회에서 아이들과의 갈등이 증폭되고 있다면 본능이란 관점에서 스스로 되돌아볼 일이다.

음식이 분노조절장애를 만든다.

분노조절장애의 두 번째 이유로는 우리 주변의 식품을 의심해 볼 필요가 있다. 혹시 우리가 먹는 음식이 또 우리 자녀에게 주는 음식이 분노조절장애를 만들고 있을 가능성이 있지 않을까? 유전자 변형식품이라 불리는 GMO가 위험하다는 말들을 많이 한다. 그런데 아직까지는 GMO 식품 자체가 얼마나 위험한지 과학적으로 명확히 밝혀진 것이 없다. 왜냐하면 유전자 변형으로 인한 문제는 사실 몇 세대는 지나 봐야 그 해로움이 입증될 수 있기 때문이다.

진화라는 것은 아주 긴 시간이 필요한 것이다. GMO 식품은 그 자체의 위험성보다도 GMO 곡물에 뿌려지는 제초제 성분에 대해서 더 큰 문제점이 부각되고 있다. GMO 곡물에 뿌려지는 제초제의 주성분은 글리포세이트라는 물질인데 이것은 파이프 같은 배관 내부에 녹물이나 침전물 등으로 막혔을 때 사용하는 청소제 중의 일종이자 대단히 강력한 화학물질이다. GMO 식물 전용 제초제는 이 글리포세이트를 바탕으로 개발한 것이다. 처음에는 이것이 워낙 강력하기 때문에 콩이나 옥수수 같은 곡물에 직접 뿌리지 못하고 그 밑에 주변에다만 뿌렸었다. 그랬다가는 곡물까지 말라 죽게 되기 때문이다. 그런데 놀라운 것이 발견된다.

글리포세이트가 주성분인 제초제를 뿌려도 죽지 않는 미생물이 발견된 것이다. 그래서 이 미생물의 유전자를 잘라내어 콩이나 옥수수 같은 작물에 이 DNA를 집어넣게 된다. 그러자 마술 같은 일이 벌어지게 된다. 잡초는 다 죽고 DNA조작 작물만 글리포세이트에 죽지 않고 끄떡없이 잘 자라는 것이다! 그리고 이제는 더 이상 제초제를 조심스럽게 뿌리지 않고 비행기로 무차별로 살포한다. 그래서 옥수수에 콩 밀 등에 글리포세이트가 푹 적셔지게 된다.

그래서 우리가 유전자식품을 먹는다는 의미는 파이프 청소를 하는 글리포세이트라는 성분을 먹는다라는 의미와 다를 바가 없다. 글리포세이트에 내성을 지닌 콩·옥수수 등 유전자조작 식물-GMO 식물은 폭발적으로 증가하고 미국 아르헨티나 프랑스 등 많은 나라들이 이 제초제에 환호했다. 농부들은 씨 뿌린 후와 수확 이전 딱 두 번만 이 제초제를 뿌려주면 콩 이외 다른 잡풀은 모두 사라지는 제초제는 그야말로 '마법'이었다. 그러나 그 결과로 전 세계에는 비극이 속출하고 있다.

글리포세이트의 위험성은 유엔산하 연구기관에서도 경고를 한 바가 있다. 2015년 국제암연구센터는 과학잡지에 실린 거의 모든 논문을 검토하여 글리포세이트는 '인체에 암을 유발할 가능성이 있는 발암물질 2A 등급'으로 결정했다. 2015년 세계에서 처음으로 스리랑카 정부가 사용을 금지하였고, 베트남이 2019년 판매 금지하였으며, 오스트리아와 프랑스(2021), 독일(2023)도 글리포세이트를 퇴출을 앞두고 있다. (에코사이드/생태학살자, 몬산토와 글리포세이트에 맞선 세계 시민들의 법정투쟁 르포르타주/마리-모니크 로뱅 지음, 목수정 옮김/시대의창) 자폐아의 급증, 치매의 폭발적인 증가, 기형아, 암, 신장질환, 신경장애, 알레르기 등이 급증하는 원인으로 글리포세이트 성분의 제초제가 의심받고 있는 것이다.

더 무서운 것은 소고기 돼지고기 같은 육류이다. 식육용 가축은 더 이상 일반 식품으로 키우지 않는다. 사료로 키우는 것이 비용과 효율성이 높기 때문이다. 특히 소 같은 반추동물은 건초나 풀을 먹어야 되는데 옥수수 등으로 만든 사료를 먹인다. 그 사료가 글리포세이트라는 제초제 성분으로 키워낸 유전자변형곡물이다. 소와 돼지와 닭들이 사료를 먹을 때 이런 제초제 성분이 듬뿍 들어간 것을 먹게 되는 것이고 그리고 이 성분이 농축되어서 우리 몸속에 들어오게 된다. 이 글리포세이트라는 것이 우리 몸속에 들어가면 여러 가지 작용을 하지만 대표적으로 세로토닌이라는 호르몬을 만드는 것을 방해한다. 세로토닌의 80%~90%는 우리 대장 속의 유익균들이 만들어 낸다.

문제는 글리포세이트가 대장 속의 유익균을 초토화시켜 버린다는 것이다. 그래서 세로토닌 합성이 원활하게 이루어지지 않는다. 세로토닌 수치가 떨어졌을 때 우리의 전두엽은 활성화가 떨어진다. 인간의 이성과 자유의지를 관장하고 감정을 통제하는 전두엽의 활성화가 떨어진다는 의미이다. 특히 위험한 것은 아이들이다. 아이들은 전두엽을 완전한 상태로 태어나는 것이 아니라 아주 불완전한 상태로 태어나는데 초등학교 중고등학교 시기에 의해서 이 전두엽이 성장하고 변화한다고 설명하였다.

그것이 인간의 인성을 결정하는 이성과 공감능력, 감정통제 능력을 만드는데 여기에 결정적인 영향을 미치는 것이 세로토닌이라는 호르몬이라는 것을 앞서 이야기한 바가 있다. 즉 뇌가 폭발적으로 성장하는 시기에 세로토닌 수치가 떨어지게 되면 전두엽이 제대로 성장하지 못하고 인성이 발전하지 못한다라는 결론에 다다른다. 글리포세이트성분의 제초제가 본격적으로 뿌려진 시기를 1998년 이후로 잡고 있다.

이 제초제가 본격적으로 뿌려지는 1998년도 이후부터 놀랍게도 아이들의 분노조절장애나 ADHD,자폐가 급증하고 있고 많은 과학자들은 그 원인을 제초제 속에 글리포세이트라는 물질을 의심하고 있다. 또한 세로토닌 수치가 낮으면 우울증이 걸리기도 한다.

MIT의 스테파니 세네프(Stephanie Seneff) 교수와 샘슬(Samsel) 박사의 연구에서 글리포세이트는 미생물총에 대한 항생작용으로 트립토판 합성을 막는다고 발표 했다. 트립토판은 세로토닌을 만드는 전구물질이다. 뇌의 신경 전달물질 세로토닌은 감정, 식욕, 수면 등을 조절하는 역할을 하는데 세로토닌이 적정수준이 아니면 여러 가지 정신적 문제가 생길 수 있다. 즉 글리포세이트가 세로토닌을 억제하고 세로토닌 결핍이 우울증과 분노조절장애같은 정신적 문제를 야기시킨다는 것이다. 심지어 이런 연구도 있다. 세네프 교수와 샘슬 박사는 1990년도부터 미국학교에서 일어나는 살인사건들이 글리포세이트와 관련이 있는 것으로 볼 수 있다고 제시한다. 글리포세이트가 트립토판을 고갈시켜서 세로토닌을 억제하기 때문에 충동적이고 파괴적인 행위를 하는 데 작용했다고 보는 것이다. (출처 : 위클리서울(http://www.weeklyseoul.net) 이제 아이들에게 주는 음식만이라도 친환경 음식물로 바꿀 때가 되었다. GMO 식품이 인간의 호르몬상태를 교란하고 우리가 먹고 있는 음식이 우리 아이들의 뇌와 우리의 인성을 망가뜨리고 있을지도 모른다.

노인의 분노조절장애

요즘 5, 60대 심지어 70대 80대 노인층까지도 분노조절장애가 심각하다. 걸핏하면 폭행과 살인까지 일어나는데 도대체 왜 나이를 먹을수록 자기 자신을 통제하는 능력이 올라가는 것이 아니라 떨어질까? 공자는 40이면 불혹, 어떤 유혹에도 흔들리지 않고 50이면 지천명, 하늘의 뜻을 알고 60이면 이순이라고 했다.

이순은 들을 귀 이(耳)자에 순할 순(順)자를 쓴다. 즉 60이 넘어서는 세상을 순하게 받아들이고 오히려 분노가 일어나지 않는 그런 경지에 이른다는 것이다. 하지만 현대에 와서는 오히려 50이 되고 60이 넘어가면 더 분노조절이 되지 않고 더 폭력적으로 변하는 경우가 빈번하다. 그 이유도 우리의 뇌 구조로 설명해 보는 것이 합리적이다. 앞서 설명한 인간의 이성과 통제력을 관장하고 인간을 인간답게 만드는 것이 이마 앞쪽에 위치한 전두엽임을 밝혔다. 이 전두엽은 청소년기에 폭발적으로 성장해서 20대 30대에 가장 고도의 기능을 발휘하고 60~70이 넘어가면서 서서히 그 기능이 쇠퇴하게 된다. 치매 증세의 가장 흔한 증세가 바로 이 전두엽 기능의 약화이다. 치매에 걸리는 증세 중 가장 중요한 것은 인지능력 저하이다. 어제 일을 기억하지 못한다, 친구 관계를 잊어버린다,

심지어 나중에 자기 가족까지 알아보지 못한는 것이 치매진단에 가장 중요한 요소 중에 하나지만 사실 치매 초기에 더 중요한 요소가 하나 있다. 그것은 감정 조절이 어려워져서 분노 조절이 되지 않고 남을 의심하는 증세이다.

감정 조절이 되지 않아서 자주 화를 내고 분노조절이 되지 않고

의심이 심해지면 전두엽의 기능에 이상이 생긴 것으로 판단해야 한다. 이것은 치매로 가는 전조현상이다. 치매가 심해지면 본격적으로 인지 능력이 떨어진다. 어제 있었던 일도 잊어버리고 심지어 나중에 가족까지 못 알아본다. 그 출발점이 바로 분노조절장애, 감정 조절이 되지 않는 것으로 볼 수 있다. 50세, 60세 넘어가면서 감정 조절이 되지 않는 사람은 전두엽의 기능이 약화되고 있고 이것을 방치하면 잘못하면 인지 능력까지 떨어지고 치매까지 갈 수도 있다. 공자가 이야기한 이순과는 정반대 현상이 일어나는 것이다. 노인의 분노 조절 장애는 세 가지가 측면에서 대비책을 생각해 볼 수 있다.

첫 번째가 심리적 서열을 높히는 것이다. 앞서 이야기했듯이 서열이 높은 개체는 스스로 무언가를 할 수 있는 자율성이 높고 거꾸로 자율성을 부여하면 심리적 서열이 높아진다. 그래서 나이를 먹을수록 본인이 결정하고 스스로 선택할 수 있는 자율성이 대단히 중요해진다. 그러면 우리 뇌가 세로토닌 상태가 된다. 세로토닌은 우리 전두엽을 활성화시키고 치매를 예방해 주는 좋은 활성 호르몬이다. 이 세로토닌은 외부에서 직접 투약이 안 되고 주사로도 보충할 수 없다. 오직 내부에서만 생산이 된다.

그래서 자율성을 확보하거나 심리적 서열을 높이는 것이 중요하다. 본인이 좋아하고 즐겨할 수 있는 취미를 가지는 것이다. 취미는 스스로 선택하고 스스로 결정하는 과정을 거치기 때문에 심리적 서열이 높아지고 세로토닌 수치가 높아진다. 세로토닌으로 인해서 우리는 행복감을 느끼고 더 나아가서 치매 예방과 지연에도 효과가 좋은 것으로 알려져 있다.

취미가 없는 사람은 치매가 빨리 올 수 있다. 50~60대에서는 취미를 반드시 한두 개 이상 만들어야 한다. 두뇌를 사용하고 움직이는 취미라면 어떤 것이어도 좋다. 특히 새롭게 배우는 운동이라면 전두엽은 더 크게 반응한다. 가까운 문화센터 같은데 가서 평생 해보지 않은 운동에 도전해 볼 일이다. 그런 운동은 배드민턴, 수영, 탁구 같은 전통적인 운동을 포함해서 악기배우기, 노래교실, 댄스 같은 것도 전두엽 발달에 크게 영향을 준다.

특히 댄스스포츠는 치매와 파킨스씨병에 효과가 큰 것으로 많은 임상 실험에서 발표되고 있다. 그런 운동들을 통해 스스로 결정할 수 있고 재미를 느끼고 본인이 통제할 수 있다는 감각이 높아지면 그것이 우리 뇌를 세로토닌 상태로 만든다.

두 번째로 낯선 곳 새로운 곳에 여행하는 것도 전두엽에 크게 자극을 주고 발달에 도움을 준다. 나이를 먹을수록 자신의 영역에서 벗어나길 꺼린다. 집처럼 익숙한 장소에서 벗어나는 것이 두려워진다. 그럴수록 우리의 뇌는 새로운 자극에 둔감해지고 점점 퇴화될 수 있다. 고속버스나 기차를 타고 낯선 곳에 여행을 하며 5일장이나 맛집 여행을 하는 것은 인생에 활력을 줄 뿐만이 아니라 치매 예방에도 좋은 것이다. 특히 혼자 여행할 수 있다면 더욱 좋다.

뇌에 더 큰 자극이 되기 때문이다. 낯선 곳에 홀로 있으면 생존의 뇌가 자극되면서 전두엽이 더 큰 긴장을 한다. 꼭 해외여행이 아니더라도 홀로 여행하는 취미를 가질 필요가 있다.

세 번째는 GMO 유전자 식품을 줄이고 순수한 유기농식품의 섭취를 늘리는 것이다. 앞서 서술한 대로 GMO식품의 위험성은 글리포세이트라는 제초제 성분의 문제이고 이것이 우리 몸과 뇌 속의 세로토닌 수치를 떨어뜨려서 전두엽 활성화를 방해한다. 그렇지 않아도 전두엽이 쇠퇴하는 노년기에 글리포세이트는 치명적인 결과를 가져올 수 있다.

나이가 먹을수록 감정 조절이 되지 않고 분노 조절이 되지 않는다면 이것이 치매로 가는 첫 단계일 수 있다는 것을 기억해야 한다. 이것을 방치하면 인지능력 저하를 동반한 치매로 발전할 수 있다. 이것은 자유의지의 문제가 아니고 전두엽의 문제다. 스스로 좋아하는 일 재미있는 일들을 하면서 여행을 하는 것은 공자가 이야기한 이순(耳順)을 지킬 수 있는 지름길이라고 이야기하고 싶다.

트라우마

트라우마

크고 작은 트라우마는 일상을 가로막는 갈등이다. 엘리베이터 앞에서 갈등하고 재난 뉴스를 보지도 못한다. 대인 기피증에 시달리기도 하고 악몽에 시달리기도 한다.

내면의 갈등 트라우마의 근본적인 원인을 뇌과학과 진화심리학으로 살펴보고 그 치유법을 고민하는 장이다.

내면의 갈등 트라우마

갈등은 외부와 타인과의 갈등도 있지만 심각한 내면의 갈등도 있다. 대표적인 것이 트라우마이다. 트라우마의 정식 명칭은 외상 후 스트레스장애(PTSD, Post Traumatic Stress Disorder)이다.

심리적인 충격을 받은 외상 후에(Post Traumaic) 스트레스 장애(Stress Disorder)가 계속 남아 있는 것 이것을 줄여서 트라우마라고 부른다. 원래 트라우마라는 용어는 외과에서 쓰는 의학 용어였다고 한다. 몸에 난 상처인데 잘 없어지지 않는 외상, 이것이 원래의 트라우마였었고 나중에 이 용어를 신경정신과에서 쓰게 된 것이다. 전쟁 같은 커다란 재난 상황이나 어렸을 때 어떤 나쁜 기억들 이런 것들이 마음속에 영원히 상처로 남아 있는 것, 그리고 그것이 정상적인 삶에 영향을 미치는 것 이것이 트라우마이다. 마치 우리 피부에 남은 없어지지 않는 상처처럼 마음에 남은 상처를 말하며 그것 때문에 스트레스가 지속되는 것 이것이 바로 PTSD, 외상 후 스트레스 장애이다. 우리나라에서는 대구지하철 참사 이후에 이 PTSD-트라우마라는 개념이 자리잡기 시작했다는 것이 일반적인 정설이다.

대구지하철 참사를 겪으신 분들은 그 사건 이후로 지속적으로 신체 이상 반응이나 악몽, 사회생활을 하지 못할 정도의 극도의 트라우마를 겪게 되는데 뉴스에서 화재 사건만 봐도 온몸에 경련이 일어나고 심장이 격렬하게 뛰거나 호흡이 가빠진다. 그 자리에서 꼼짝 못하고 그대로 멈춰서 주저앉는 증세를 겪게 된다. 정상적인 사회활동에 어려움을 겪고 과거의 끔찍한 기억에 갇혀서 빠져나오지 못하는 증세, 이것이 대표적인 재난 상황에 의한 트라우마이다. 그래서 마음에 남는 영원한 상처 때문에 고통받는 상황을 트라우마라고 이야기한다. 그러나 재난이나 전쟁 같은 커다란 사건만이 아니라 성장환경에서의 충격적인 기억, 부모님이나 주변 사람으로부터 받은 가혹한 폭행 또는 성폭행, 학교에서의 왕따 이런 여러 가지 나쁜 기억들도 트라우마로 남을 수 있다. 이런 트라우마는 마음을 옥죄고 상처로 남아 사회생활을 제대로 하지 못하도록 한다.

일반적으로는 아주 커다란 충격이 아닌 경우에는 보통 한 달 이내에 그런 충격과 공포에서 벗어나게 된다. 그런데 한 달 정도가 지나도 그런 충격과 공포 벗어나지 못하면 PTSD, 즉 외상 후 스트레스 장애를 의심해 봐야 한다. PTSD가 심각해지면 심장이 마구 뛰고 호흡이 가빠지면서 식은땀이 흐르고 근육에 경직이 일어나거나 그 자리에 꼼짝 못하고 움직이지 못하고 앉거나 서있게 되는 증세들을 겪게 된다. 신체적 증상이 동반되기 때문에 심장 검사도 하게 되고 호흡기 검사도 하게 되고 여러 가지 검사를 해 보아도 신체는 이상이 없다. 오직 나의 마음과 뇌 속의 문제 때문에 이런 현상이 일어난다. 본능이라는 측면에서 트라우마를 살펴보면 인간이 자연계에서 살아남기 위한 아주 자연스러운 증상이다.

숨이 가빠지고 심장이 마구 뛰고 가슴이 답답해지거나 근육이 너무 긴장을 하게 되면 경련도 일어나고 그 자리에서 꼼짝 못하게 되는 이런 증세는 신체가 과도한 공격 상태에 있다는 것이다. 우리의

면 조상이 석기시대 때 사자나 호랑이나 적을 만났을 때 일어나는 증세와 동일한 증세이다. 즉 신체가 공격 상태로 긴장되어 있어야만 빨리 도망을 가거나 공격하거나 숨거나 할 수 있다. 이렇게 신체가 공격상태로 변하기 위해서 뇌에서는 우리의 신체능력을 급격히 올려주는 호르몬을 분출한다. 그때 필요한 것이 공격 호르몬이다. 공격 호르몬이 아주 과다 분출 되는 것이 우리 몸의 공격 반응이다.

우리 몸을 공격 상태로 만들어 주는 대표적인 공격 호르몬 세 가지는 테스토스테론, 아드레날린, 코티졸이다. 이런 것들이 우리 신체의 긴장도를 높히고 에너지를 급격히 생산하고 근육에 산소를 활발히 공급한다. 그러기 위해서 심장을 마구 뛰게 하고 호흡을 가쁘게 하고 혈당을 급격히 높혀서 온몸에 에너지와 산소를 근육으로 보내 근육의 힘을 순간적으로 강화시킨다.

그 대신에 우리 신체의 소화기능 같은 다른 부분은 기능이 억제되고 약화된다. 이것이 바로 공격 반응이다. 그러나 이런 상태가 자주 그리고 오래 지속되면 신체는 치명상을 입고 각종 질병에 노출된다. 트라우마는 사자나 호랑이가 또는 적이 나타나고 있지 않은데도 불구하고 책상이나 승용차 지하철 등에 가만히 앉아 있거나 걸어가고 있는데 또는 TV를 보고 있는데 이런 증세가 나타난다는 것이다.

이것이 트라우마의 전형적인 신체적인 증세이고 정신적으로는 과거의 그 생각이 계속 반복해서 리와인드되고 리와인드되는 것이다. 즉 트라우마의 신체적 증세는 호랑이나 사자를 만났을 때의 공격 반응이며 여러 가지 호르몬에 의해서 우리 몸이 과공격반응, 과과민 상태가 된 것이다. 이 호르몬 중에서도 스트레스 호르몬이라고 불리는 코티졸이라는 호르몬이 있는데 이 호르몬이 굉장히 무서운 호르몬이다.

아드레날린 같은 호르몬은 우리 심장을 격렬히 뛰게 하고 호흡을 가쁘게 하는 교감 신경계를 흥분시키는 역할을 하는 데 비해 코티졸은 간에서 당대사를 일으켜 혈액 속의 혈당을 급격히 높여서 근육에 에너지를 제공한다. 또한 이 코티졸이 과다 분출되면 우리의 대뇌가 마비상태까지 가기도 한다.

대뇌 중에서도 전두엽의 활동이 억제된다. 전두엽은 공감능력, 관계능력, 이성적인 판단 이런 것들이 이루어지는 부분이다. 그러나 신체가 공격상태로 변할 때는 이성적인 판단 공감능력 이런 것보다는 굉장히 빠른 육체적인 능력이 필요하기 때문에 전두엽의 활동이 어느 정도는 위축되게 된다. 문제는 이런 상태가 오랜 시간 지속되면 전두엽이 수축되고 위축되다 못해 나중에는 기능적인 문제까지 발생할 수도 있다는 것이다. 즉 인간의 고유한 공감능력과 관계능력 이성적인 판단까지 저해될 수도 있다는 것이다. 트라우마의 무서운 점이 바로 여기에 있다. 대구 지하철 참사나 미국의 911테러 같은 재난상황을 겪고 나서 시간이 흐른 뒤에도 비슷한 뉴스를 보기만 하더라도 신체가 긴장하고 공격상태로 변한다면 공격 호르몬들이 과도하게 분출되고 있는 상태이다. 코티졸이란 호르몬이 우리 뇌를 정복하고 있는 상태라면 전두엽은 마비되고 이성적인 판단은 저하된다. 그리고 이런 호르몬들은 우리 신체를 지속적으로 망가뜨리거나 더 나아가서 뇌까지도 문제가 발생할 수도 있다.

신체 안정화 기법

역도 선수나 격투기 선수들이 경기에 올라가기 직전에 감독들이 역도선수의 뺨을 때리는 장면을 TV에서 어렵지 않게 볼 수 있다.

이것은 경기 직전에 몸을 좀 더 공격 상태로 만들어 주는 것이다. 즉 뺨을 맞음으로 인해서 분노하게 되는데 실제 변화는 다음과 같다. 공격 호르몬들이 많이 분출하면서 몸이 공격상태로 변하고 근육의 힘이 세지는 것이다. 그 힘으로 상대방과 싸우고 역도를 든다.

그러나 과거의 기억에서 사로 잡혀서 트라우마 상태에 있는 사람은 역기를 들 수도 없고 격투기를 할 수도 없다. 역기를 들고 격렬히 격투기를 한다는 것은 온몸의 에너지를 소진하는 것이다. 혈당을 사용하고 산소를 사용하면서 근육의 긴장이 해소된다. 그러나 외상 후 스트레스장애는 안정을 취해야 된다는 생각에 이런 신체가 공격 상태가 되어도 오히려 움직이지 않고 가만히 있게 된다.

그러면 오히려 역효과가 나고 결국에는 신체가 병이 나거나 전두엽이 기능이 저하되는 상태까지 갈 수도 있다. 그래서 코티졸이라는 호르몬 때문에 높아진 혈당, 그리고 아드레날린이라는 호르몬 때문에 굉장히 가빠진 호흡 이런 것들을 빨리 안정화시켜 주는 것이 중요하다. 트라우마 증세가 신체적으로 급격히 왔을 때 신체를 빨리 안정화시켜 주는 방법이 있다. 우리 신체가 공격 상태에 가 있다는 것을 이해하면 우리 몸의 에너지를 소진시켜 주는 것이 필요하다. 지금부터 소개하는 방법은 신체 에너지를 균형 잡히게 하고 몸과 호흡을 이완시킨다. 트라우마가 왔을 때 몸과 마음을 안정시키는 것이 가장 중요한데 특히 신체적 안정은 마음의 안정, 뇌의 안정까지 가져온다. 아주 간단하면서도 효과는 크고 방법은 간단한 것이 천지 호흡법이라는 방법이다. 먼저 일어서서 가볍게 팔을 내리고 숨을 아주 크게 복식호흡을 하면서 팔을 앞으로 들어 올린다. 최대한 숨을 크게 들이쉬면서 팔을 두 귀에 붙여서 위로 쫙 뻗었을 때 주먹을 꽉 쥐고 동시에 숨을 멈춘다.

숨을 멈추고 1, 2초간 그 상태를 유지하다가 팔을 서서히 앞으로 내리는데 온몸의 팔과 다리와 배에 힘을 주면서 팔을 접으면서 손을 가슴에 붙인다. 이때까지도 숨을 멈춘 상태가 되어야 한다. 팔과 배 등의 신체 근육에는 지속적으로 힘을 준 상태로 근육의 긴장을 유지해야 한다. 그리고 주먹 쥔 손을 서서히 앞으로 뻗는다. 이때도 숨을 완전히 멈추고 팔과 배에 힘을 계속 주는 것이 중요하다. 호흡은

가빠지려고 하고 온몸의 혈액이 근육에 빠르게 공급된다. 그리고 팔이 다 펴지고 숨을 도저히 참기 어려울 정도가 되었을 때 주먹을 펴면서 숨을 한 번에 내뿜는다. “푸~” 아주 간단하지만 온몸의 에너지를 급격히 사용 하면서 호흡을 안정화시킨다.

그리고 이 상태에서 편하게 호흡을 몇 번 하면서 호흡을 안정시킨다. 그리고 마지막으로 오른손과 왼손을 가슴에 올려서 자기 자신을 포옹하면서 가슴을 가볍게 두드려 준다. 이 천지 호흡법은 과격한 호흡과 심장이 과도하게 뛰는 것을 막아주고 공격 에너지를 적극적으로 해소시킨다. 사자와 호랑이를 맞이하는 대신에 책상에 앉아서 아주 간단하게 온몸의 에너지를 해소할 수 있다. 이것을 2, 3회 한 이후에 호흡을 고르고 나서 자기 자신을 포옹하고 신체를 가볍게 두드려 주면 신체와 마음이 안정이 된다. 우리 신체는 포옹을 하거나 피부 자극을 받았을 때 옥시토신이라는 호르몬이 나온다. 옥시토신은 행복과 평화의 호르몬이면서 타인과의 관계에 작용하는 호르몬이기도 하지만 우리 몸을 진정시키는 안정의 호르몬이다. 포옹이 세상을 구한다는 허깅(Huging)운동도 있다. 포옹을 하게 되면 아주 강렬한 피부접촉 일어나고 피부 접촉은 옥시토신 분비를 유발한다.

옥시토신은 세로토닌이라는 호르몬과 함께 우리 전두엽을 안정화시키고 이성을 되찾아 주게 되고 우리 심신을 느긋하게 만들어 준다. 테스토스테론, 아드레날린, 코티졸 같은 공격 호르몬의 반대편에 있는 호르몬이 옥시토신이나 세로토닌 같은 행복 호르몬이다.

우리 피부를 자극시키고 우리 몸을 두드려 주고 그리고 포옹해 주는 것만으로도 많이 분출되고 뇌를 안정시킬 수 있다.

온몸이 경직되고 심장박동이 격렬해지고 식은땀이 흐르고 호흡이 가빠지는 트라우마의 신체적인 증세가 나타났을 때에는 지체 없이 천지 호흡법으로 온몸의 에너지를 소진시키면서 공격 호르몬을 낮추어 주고 두 번째로 자기 자신을 포옹하고 위로해 주는 두드림으로 옥시토신을 생성시켜 우리 뇌를 빨리 안정화시키는 것이 필요하다.

트라우마의 근원 앵커링

PTSD는 신체적인 증상과 함께 정신적인 문제도 같이 접근을 해야 한다. 과거의 기억이 계속 되살려지거나 아니면 비슷한 장면이나 뉴스 등을 접했을 때 나타나는 신체적 증세는 정신적인 근원에서 시작하기 때문이다. 여기서는 두 가지 방법을 제시해 보려고 한다.

기존의 심리상담이나 약물치료와는 다른 방법이며 비용도 들지 않고 간단한 방법이다. 그 첫 번째는 앵커링이라는 기법이고 두 번째는 REM 수면을 이용한 RMDR기법이다. 먼저 앵커링에서 앵커(anker)라는 단어는 선박용어로서 닻이라는 뜻이다. 배가 항구에 정박할 때 배가 움직이지 않도록 앵커(닻)를 내려서 배를 항구에 고정시킨다. 대형 선박의 경우에는 앵커의 크기만 해도 집보다 더 큰 앵커를 갖고 다니다가 항구에 정박할 때 사용한다. 그래서 앵커링(ankering)은 닻을 내려서 배를 고정시키는 행위에서 어떤 장소에 고정시키는 행위까지 의미가 확장되어 사용된다. 해군 모자나 선장 모자에 있는 마크가 바로 앵커(anker)표시이다. 그런데 우리의 기억에도 앵커링(ankering)이 걸리는데 이것이 트라우마 즉 PTSD이다. 특별한 사건 또는 특정한 사물에 대해서 그것을 접하는 순간 과거의 기억 속으로 닻이 내려지는 것, 공포와 전율의 기억이 고스란히 되살려지는 것 이것이 바로 앵커링(ankering)이다.

대구 지하철 참사는 우리나라에서 PTSD 외상 후 스트레스 장애를 일반적으로 인식시키게 된 중요한 사건이다. 이 사건 이후에 시간이 상당 기간 경과해도 피해자들이 뉴스에서 화재 사건이나 비슷한 폭발 사건을 보기만 해도 과거의 기억이 그대로 재현되거나 고통을 겪는데 이것을 앵커링(ankering)되었기 때문에 그렇다고 설명할 수 있다. 즉 과거의 기억에 닻이 내려진 것이다. 앵커링(ankering)은 인간의 뇌 구조 때문에 일어난다. 뇌는 뉴런이란 신경세포로 이루어져 있는데 이 뉴런과 뉴런을 연결하는 접촉부를 시냅스라고 한다. 뉴런은 굉장히 많은 촉수를 뻗고 있는데 신경 신호를 받아들이는 수상돌기와 신호를 내보내는 축색돌기가 한 개의 뉴런에서 뻗어 있다.

그리고 다른 뉴런에서 나온 수상돌기와 축색돌기가 만나는 부분을 바로 시냅스라고 한다. 시냅스의 숫자는 이 우주의 별보다도 많다는 말이 있을 정도로 어마어마하게 많다. 시냅스는 뉴런과 뉴런을 연결시켜 주는 뇌의 신호를 전달하는 길이라고 보면 된다. 그런데 문제는 딱 한번 강력한 신호에 의해서 시냅스의 연결이 일어나면, 그 연결은 지속적으로 유지되고 계속 연결된 그쪽으로 신호가 가려고 할 뿐만이 아니라 연결이 점점 더 강화되고 고착화 된다는 것이다.

이것이 바로 앵커링(ankering) 원리이다. 즉 화재나 폭발 같은 재난 상황의 강력한 경험은 시냅스의 연결을 강화하고 그 길로만 신경전달 물질이 흐르는 경향을 만드는 것이다. 때문에 한번 안 좋은 기억이 있었다면 계속 비슷한 광경만 보더라도 우리 뇌 속에서는 과거의 기억이 고스란히 되살려져 오는 것이다. 그런 재난 상황만이 아니라 일반 생활에서도 크고 작은 트라우마들이 있다. 예를 들면 거미나 바퀴벌레에 대한 트라우마가 있는 사람들이 상당히 많다.

어려서 거미나 바퀴벌레에 크게 놀란 경험이 뇌 속에 각인되어 시간이 흐르고 성인이 되어도 지속적인 공포를 유발시킨다. 그 사물이나 그런 동물을 보는 순간 과거의 기억에 그대로 붙들려 앵커링이 걸린 것이다. 그러면 이 앵커링을 어떻게 바꿔줄 것인가?

뇌의 시냅스의 연결이 앵커링이라는 사실을 기억하면 심리상담으로 과거의 기억을 불러올 필요가 없다. 앵커링이 걸려있는 뉴런의 시냅스를 다른 보상으로 바꾸는 훈련을 하면 된다. 트라우마는 트라우마로 치료한다는 말이 있다. 또는 트라우마는 보상으로 치료한다는 말도 있다.

이것이 뉴런의 길을 새롭게 만들어 주는 것이다. 예를 들어 거미에 대한 공포가 있는 사람에게는 기대 이상의 큰 보상을 해 주는 것이다. 즉 거미를 보자마자 즉시 10만 원 정도의 돈을 그 자리에서 보상을 해주면 어떻게 될까? 과거에는 거미를 보면 공포의 감정이 뉴런을 타고 흘렀는데 지금은 거미를 보면 10만 원이라는 기분 좋은 감정이 그 자리를 차지한다. 이것을 몇 번 시행하면 거미에 대한 앵커링은 공포에서 기분 좋은 보상으로 대체된다. 인간에게 가장 큰 보상은 무엇일까? 직장에서 가장 큰 보상은 승진과 보너스일 것이다.

승진과 돈 이것이 인간이 이 사회에서 살아갈 수 있고 생존할 수 있는 가장 큰 보상 중에 하나이다. 개를 훈련시킬 때는 주로 먹이로 보상 훈련을 한다. 그러나 인간은 먹는 것만 가지고는 충분한 보상이 되지 않는다. 만족감을 느낄 수 있을지 몰라도 트라우마를 치료할 정도로 강력한 보상은 되기가 어렵다. 그러나 돈은 그것이 가능하다는 것이다.

상담치료 없이 보상으로 앵커링을 바꾸어 주는 또 다른 예를 들어보자. 터널 공포가 있는 사람들이 있다. 터널만 들어가면 가슴이 뛰고 공황증세가 나타난다. 터널 트라우마가 있는 것이다. 이런 분들도 이런 기법을 한번 사용해 보면 좋은 결과를 기대할 수 있다. 터널이 나타날 때마다 미리 옆자리에 앉은 사람이 10만 원의 보상을 준다.

그러면서 동시에 과거의 기분 좋은 기억들을 떠올리는 것이다.

예를 들면 승진했던 기억, 사랑했던 기억, 또 좋은 사람과 좋은 스킨십을 했던 기억들 이런 감정들을 떠올리면서 돈으로 보상을 해주면 기분 좋은 감정으로 앵커링이 바뀐다. 물론 단번에 뇌의 회로가 바뀌어 버리는 것은 아니다. 시행착오도 거치면서 수회 반복하면서 새로운 앵커링이 뇌에 새겨진다. 재난 상황 같은 트라우마도 역시 같은 방법을 사용할 수 있다. 그러나 PTSD는 심각한 신체증상을 동반하는 경우가 많기 때문에 이럴 때는 앞장에서 서술한 천지호흡법을 통한 자가안정법으로 신체적 증세를 안정시키는 것이 중요하다. 그리고 어느 정도 안정되었을 때 보상을 통해서 앵커링을 바꿔 주는 것이다.

REM치료

렘(REM)이란 것은 Rapid Eye Movement(REM), 빠른 안구운동의 약자이다. 인간은 8시간 수면을 취할 때 항상 깊은 잠에 빠지는 것도 아니고 항상 꿈을 꾸는 것도 아니다. 수면에 든 사람의 뇌파를 검사해 보면 뇌의 활동이 완전히 멈추는 시기가 있고 전두엽을 제외한 뇌가 깨어나서 활발히 활동하는 시기가 있다. 이때가 꿈을 꾸는 시간이다.

8시간 잠을 잘 때 최소한 4, 5번 많게는 7, 8번 이상을 꿈을 꾸는 상태에 빠지게 되는데 그때 눈을 감은 상태에서도 안구가 좌우로 빠르게 움직인다. 그 상태를 그대로 표현한 게 REM(Rapid Eye Movement-빠른 안구 운동)이다. 이때가 바로 꿈을 꾸는 타이밍이다. REM 운동을 할 때 꿈을 꾸는데 이때 잠에서 깨우면 꿈의 내용을 생생히 기억할 수가 있다.

REM수면이 아닌 시기에 깨우면 잘 깨워지지도 않을 뿐만이 아니라 뇌가 활동을 거의 멈춰 있는 상태이기 때문에 꿈을 잘 기억하지 못한다. 그래서 수면은 꿈을 꾸는 REM수면 시기와 그렇지 않고 뇌가 거의 활동을 멈추는 시기 둘로 나눌 수가 있다. 그런데 왜 눈을 빠르게 굴리면서 렘(REM)수면을 하게 되는가? 여기에 바로 꿈에 비밀이 있다. 꿈에 대해서는 많은 과학자들이 굉장히 궁금해했고 어찌보면 모든 인류의 궁금사이기도 하였다. 미래의 일을 예지해 주는 예지몽이라는 꿈이나 가위 눌리는 공포의 꿈도 있기도 하고 여러 가지 꿈의 형태가 많다. 그런데 과학자들이 밝혀낸 꿈의 실체는 이렇다. 낮에 있었던 기억을 재정리해서 중요한 기억은 장기 기억 속에 보내고 중요하지 않은 기억은 삭제하는 역할을 하는 것이 꿈이라는 것이다.

꿈을 꿀 때는 전두엽 중에서도 이마 양쪽에 있는 배외측 전전두엽이 거의 마비상태에 있다. 이 부분은 일을 순서대로 하고 체계적으로 놓고 시간 순서대로 놓는 그런 역할을 한다. 그리고 감정을 억제하고 조정한다. 그래서 배외측 전전두엽이 마비된 상태이기에 꿈에서는 시간 순서도 없고 일의 순서도 없고 모든 것이 뒤죽박죽으로 나타나며 감정이 폭주하게 된다. 꿈에서 크게 슬프거나 공포를 느끼거나 분노가 표출되었는데 깨어 보면 왜 그렇게 감정의 폭풍이 몰아쳤는지 기억이 나지 않는 경우가 많다. 꿈의 다른 특징은 우리 생존에 중요하다고 생각되는 것들이 장기기억으로 남게 된다는 것이다. 이때 안구가 빠르게 좌우로 움직인다. 눈의 신경세포는 다른 신체기관과는 다르게 시상하부를 통해서 후두부로 직접 가게 되어 있다. 시상하부 밑에 해마라는 것이 연결되어 있는데 기억과 아주 밀접한 연관이 되어 있다.

이 해마가 단기기억과 장기기억을 분류하여 생존에 필요한 것들을 장기기억으로 두뇌 피질 등에 보낸다. 실제로 뇌출혈 등으로 해마가 망가진 사람은 과거의 것은 잘 기억하나 새로운 기억을 만들어 낼 수가 없다. 과거에 갇혀 사는 것이다. 즉 안구의 시신경은 시상 하부와 해마 등과 직결되어 기억을 새로 재정립하는 데 아주 밀접한 관계가 있다는 것이다. 트라우마에 대한 기억과 감정도 이때 강화되고 기억의 회로에 보내진다.

즉 우리가 꿈을 꿀 때 계속 나쁜 기억과 감정들이 꿈에서 반복되고 소환되면서 빠른 안구 운동이 일어나는 것이다. 이것이 바로 렘 REM(Rapid Eye Movement-빠른 안구 운동)이다.

이 렘(REM)운동을 낮에 인위적으로 하면서 그걸 통해서 트라우마나 나쁜 기억을 지우는 기법이 EMDR(Eye Movement Desensitization and Reprocessing)이다. 안구 운동을 통해서 감각을 둔화시키고 재처리한다는 뜻이다. 즉 앵커링을 안구 운동을 통해서 하는 것이다. 신경 정신과에서 하는 EMDR치료과정은 대략 이렇다. 1미터 정도의 기다란 봉을 가로로 거치하고 봉에서 LED 불빛이 좌우로 움직인다. 환자는 목을 고정하고 눈동자만 움직여서 불빛을 좌우로 따라가면서 주시한다. 고개는 가만히 있고 눈은 왼쪽으로 오른쪽으로 안구 운동을 하게 된다.

그리고 좋은 음악을 들려주고 기분 좋은 감정을 상기시킨다. 과거에 기억에 좋은 감정과 앵커링시키는 것이다. 이것이 바로 렘(REM)운동을 이용한 트라우마 치유 기법이다. 소위 EMDR(Eye Movement Desensitization and Reprocessing- 안구 운동으로 나쁜 감정을 없애주며 재조정하는 기법)이라고 한다. 꿈에서 일어나는 안구 운동을 낮에 재현하는 것이다. 그런데 이런 고가의 장치가 없어도 EMDR을 할 수 있는 아주 간단하면서 효율적인 방법이 있다. 눈앞에 손가락을 고정시키고 고개를 움직이는 방법이다. 즉 도리도리 하면서 눈은 앞의 손가락 끝에 고정시키는 것이다. 고개를 좌우로 움직이면서 두 눈은 손끝을 주시하면 눈은 좌우로 렘(REM)운동을 하게 된다. 물론 REM운동 시보다는 속도는 늦다.

그러나 신경정신과의 장비를 이용하는 것과 효과는 동일하다. 그리고 본인이 좋아하는 음악이나 부드러운 음악들을 들려준다면 과거의 공포 기억이 재정립될 수 있다. 하루에 한두 번씩 한 번에 20~30분 정도를 일주일에 2~3회정도 실시하면 된다.

이것은 실제로 신경정신과에서 쓰는 방법과 동일한 방법이며 아무런 도구 없이 맨손으로 집에서 간편하게 손가락 하나로 할 수 있는 것이 장점이다.

질투

질투

사촌이 땅을 사면 배가 아프다? 이것은 우리나라에만 있는 현상일까? 아니면 전 세계적으로 공통된 현상일까? 질투는 이 세상 그 무엇보다도 가장 큰 갈등을 만들고 심지어 이성을 잃게 하고 살인까지도 불러온다.

남의 불행은 나의 행복 샤덴프로이데

사촌이 땅을 사면 배가 아픈 현상은 세계적인 현상이다. 세계 여러 국가에 비슷한 속담이 있다. "다른 사람의 불행은 나의 꿀맛"이 것은 일본의 속담이다. 다른 사람이 잘못되면 너무 너무 행복하다는 것이다. 우리나라보다 조금 더 심한 속담이다.

"다른 사람이 잘나가면 내 얼굴이 파랗게 질린다(turning green with envy)" 셰익스피어의 표현에서 시작된 영어의 속담이다. 또 독일어로는 아주 유명한 철학 담론이 있다.

샤덴프로이데(Schadenfreude), "타인의 불행은 나의 행복"이란 뜻으로 조금씩 다른 표현 같지만 결국엔 다른 사람이 잘되면 내 배가 아프고 다른 사람이 잘 안 되면 내가 행복해지는 이런 것을 표현하고 있다. 그런데 문화권에 관계없이 왜 이런 보편성을 가진 공통 심리가 존재하는가? 뇌과학이 이런 이유를 밝혀냈다.

우리 뇌에는 고통을 느끼는 부위가 있고 행복을 느끼는 부위가 있다. 남들이 잘나갈 때, 가까운 사람이 갑자기 특진을 하거나 복권에 당첨되었을 때의 상황을 가정하여 뇌의 자기공명사진(fMRI)을 찍어보면 고통을 받는 부위가 활성화된다. 즉 남들이 잘 나가면 실제로 나의 뇌에서 고통을 느끼는데 놀랍게도 이 고통을 느끼는 부위는 신체적인 고통을 느끼는 부위와 거의 같은 부위이다. 뇌에서 거의 같은 부위가 우리의 신체적인 고통과 정신적인 고통을 같이 느낀다는 것이며 이 고통이 바로 신체적 고통으로 올 수도 있고 그래서 사촌이 땅을 사면 배가 아픈 것이다. 따라서 인류의 질투는 보편성을 가지게 된다. 일본의 속담 "다른 사람의 불행은 나의 꿀맛"이것은 어떤가? 이것도 역시 뇌에서 보편적으로 일어나는 현상이다. 인간은 언제 웃음이 터질까? 여러 가지 상황이 있지만 다른 사람이 실수하고 함정에 빠지고 굉장한 곤란한 상황에 웃음이 터지는 경험을 많이 한다. 타인이 곤란한 상황이나 불행을 당했을 때 우리는 꿀맛 정도가 아니라 웃음이 터지는 경우를 경험할 때가 있다.

예를 들면 한 겨울에 멋지게 차려 입은 신사가 또는 숙녀가 빙판길에서 갑자기 균형을 잃고 자빠지는 순간 우리는 갑자기 웃음이 터진다. 나의 자유의지로 웃는 것이 아니라 본능적으로 웃음이 터진다. 그리고 순간적으로 이성이 되돌아온다. "이럴 때 내가 웃으면 안 되지. 이럴 때 나는 고소해하는 사람이 아닌데" 이렇게 이성을 되찾고 "다친 데는 없습니까?" 라고 위로의 말을 건네면서 일으켜 세우게 된다. 그러고도 입가엔 웃음이 가시질 않는다. 웃음이 터진 상황은 이성의 문제가 아니고 나의 본능의 문제인 것이다.

나의 본능의 뇌가 기쁨을 느낀 것이다. 심리적 서열이 올라간 사회적 관계에서의 즐거움이다. 이것을 가장 잘 활용하는 사람이 개그맨이다. 개그맨들은 스스로 망가지고 좀 모자란 역할을 하면서 남들을 웃긴다. 우리는 실수 연발과 말도 안 되는 상황에 웃음을 터뜨린다. 그러나 망가지면 망가질수록 인기와 부는 개그맨이 챙겨 간다. 개그맨들은 타인의 뇌를 본능적으로 기쁨으로 활성화시키는 전문가라고 볼 수 있다. 샤덴프로이데(Schadenfreude)를 가장 잘 활용하는 직업군인 것이다. 샤덴프로이데(Schadenfreude), 이것은 우리나라에만 있는 현상이 아니라 전 세계적으로 공통된 현상이며 전 세계 모든 사람들이 뇌에서 느끼는 그런 현상인 것이다.

질투의 원리

사촌이 땅을 사면 배가 아픈데 나와 관계없는 미국에 사는 어떤 사람이 큰 벼락부자가 되었다면 별로 배가 아프지 않다. 질투는 왜 어떤 때는 작동을 하고 어떨 때는 작동을 하지 않는가? 그것은 인간이 진화되어 온 과정에서 한 집단 속에서 서열이 올라가려고 마음이 만들어 낸 것이기 때문이라고 설명해 볼 수 있다. 심리적 서열의 한 형태라는 것이다. 서열이 높아지면 번식할 권리, 먹을 권리 이런 것들이 생기고 그럼으로써 우리가 유전자를 널리 퍼트릴 수 있다.

리처드 도킨스 씨가 주장한 “인간은 유전자 보존을 위해 맹목적으로 프로그램된 로봇 기계”라는 명제로 해석해 보면 인간은 유전자를 퍼뜨리기 위해서 맹목적으로 즉 무의식적으로 행동을 하게 되는데 그중에 하나가 바로 질투라는 것이다. 인간은 질투로 인해서 한 집단 내에서 서열을 예민하게 감지한다. 남이 잘 되면 내 배가 아프고 남이 안 되면 내가 행복을 느끼고 꿀맛을 느끼는 것이다.

일본 속담 “다른 사람의 불행은 나의 꿀맛”도 “사촌이 땅을 사면 배가 아픈” 것도 질투는 본능으로 작동되는 심리적 서열의 하나로 볼 수 있다. 다른 사람이 잘 되면 나의 심리적 서열이 떨어지고 또 다른 사람이 불행해지면 나의 심리적 서열이 올라간다. 심리적 서열이 올라가면 세로토닌, 엔돌핀, 도파민 같은 행복과 즐거움을 느끼는 호르몬이 분출된다. 그럼으로써 우리 뇌에서는 행복감을 느낀다.

그러나 다른 사람이 잘 되고 다른 사람이 지위가 올라가고 복권에 당첨이 되면 나의 심리적 서열은 떨어진다. 심리적 서열이 떨어지면 뇌에서 고통을 느끼는 부위가 활성화된다. 그런데 심리적 서열은 내가 속한 집단에서 작동이 된다. 이것을 내(內)집단이라고 한다. 영어로 In-Group(인그룹)이라고 하는 것을 한문으로 속 내(內)자를 사용해서 번역한 것이다. 이 심리적 서열은 내가 속한 집단 In-Group(인그룹) 내에서 작동이 된다. 그런데 내가 속해 있지 않은 외부의 집단의 사람이 잘 되는 것은 나의 서열에 거의 영향을 미치지 못한다.

내가 속하지 않은 외부의 집단을 외집단(아웃 그룹/Out-group)이라고 하는데 내가 속하지 않은 나와 관계가 없는 집단의 사람이 아무리 잘돼 봐야 나의 서열과는 아무 관계가 없기 때문에 배가 아프지 않는 것이다. 예를 들어 빌게이츠의 재산이 70조라고 뉴스에 나와도 부럽기는 해도 배가 아플 정도로 질투가 나지는 않는다.

테슬라의 CEO 일론 머스크가 주식상장을 해서 그 재산이 수십조에 달하고 최근 비트코인으로 수십조를 벌었다고 뉴스를 장식해도 역시 부럽기만 할 뿐 강한 질투는 잘 일어나지 않는다. 왜냐하면 일론 머스크나 빌게이츠는 우리 집단에 소속되어 있는 내집단(인그룹/In-Group)의 사람이 아니고 나한테 속해 있지 않은 외집단의 사람이기 때문에 그렇다. 아웃그룹(Out-Group)에 있는 사람이 흥하거나 망하거나 나의 번식에 영향을 주는 서열에는 아무런 관련이 없다. 인간은 무의식의 수준에서 번식에 유리하도록 최적화가 되어 있고 그중 하나가 심리적 서열로서 질투로 나타나게 된다.

나의 의식보다는 무의식의 차원에서 나타난다. 이것이 "인간은 유전자 보존을 위해 맹목적으로 프로그램된 로봇기계"라는 뜻이 아닌가 싶다. 맹목적으로 프로그램되었다는 것이 바로 무의식이다. 그래서 프로이드가 인간의 무의식을 이드(ID)라고 명명을 했는데 이드(ID)는 영어로 IT즉 그것이라는 뜻이라고 앞장에서 밝힌 바가 있다. 인간의 의식 뒤에서 인간의 의지를 지배하고 조종하는 어떤 그것이라는 의미가 강하다.

프로이드는 사실 이드(ID)에 대해 설명할 때 주로 리비도 즉 성(性), 섹스 이런 것이 이간의 이성을 지배하는 무의식의 실체라고 주장을 하였고 그 뒤에 많은 비판을 받았다. 그리고 칼융은 이 무의식을 집단 무의식으로 설명을 해 보려고 했고 그 뒤에 많은 심리학자들이 무의식에 대해서 여러 가지 설명을 내놓았다. 그러나 진화심리학은 그 무의식을 번식을 위한 본능으로 본다. 인간은 유전자 보존을 위해서 유전자를 퍼트리기 위해서, 번식을 위해서 맹목적으로 프로그램되었다는 것이다. 모성애를 비롯한 양육과 짝짓기 행위는 물론 내집단 내에서의 서열 경쟁이 그것이다. 이것이 바로 질투의 기원이다.

진화심리학에서는 이런 주장을 한다. 우리 인간의 본성은 보편적으로 비슷하다는 것이다. 문화나 사회적 지위 같은 겉모습 때문에 상당히 다른 것 같고 미국의 문화, 한국의 문화, 일본의 문화가 겉으로는 상이한 모습을 있지만 껍데기를 한 꺼풀 벗겨서 보면 그 내면에서 움직이는 무의식의 세계는 거의 같다는 것이다. 대표적인 것이 심리적 서열로 작동되는 질투이다. 미국 사람도 자기가 속한 집단 내에서 질투를 느끼고 일본 사람도 마찬가지고 우리나라 사람도 마찬가지이다.

의처증 의부증

"오 주인이시여 질투를 조심하옵소서! 질투는 사람의 마음을 농락하며 먹이로 삼는 녹색 눈을 한 괴물이니까요!"

셰익스피어의 4대 비극 오셀로의 한 장면이다. 오셀로는 자기 아내의 불륜을 의심하고 의처증에 걸린 나머지 갈등 속에 번민하다 아내를 살인하고 만다. 지금도 많은 사람들이 의처증, 의부증에 갈등하고 있고 합리적으로 설명을 해 주고 심지어 CCTV를 달아서 보여주고 증거를 들이밀어도 믿지 않는다.

그리고 상대가 외출해서 돌아오면 검사를 한다고 옷을 벗겨서 신체검사까지 하는 사람도 있고 폭력으로 이어지다 셰익스피어의 4대 비극 오셀로처럼 비극으로 끝나기도 한다. 가정의 갈등 중에서 가장 큰 의처증과 의부증. 이것은 도대체 왜 일어나는 것이고 해결할 방법은 없는 것일까?

인간은 번식하는 동물이며 번식에 최적화되어 있다는 사실을 기억한다면 이 문제도 이해할 수가 있다. 인간은 유전자 보존을 위해서 맹목적으로 프로그램된 로봇 기계라는 리처드 도킨스 씨의 관점에서 설명을 하자면 우리는 움직이는 로봇이 되기 쉽다는 것이다. 의처증 의부증이 바로 그런 것이다. 우리가 상대방의 불륜을 의심하는 순간 전두엽은 마비되어 버린다. 전두엽은 이성을 관장하고 올바른 판단을 하고 분노나 욕망이나 감정을 억누를 수 있는 부분이다.

전두엽 중에서도 이마 바깥쪽 부분을 배외측 전전두엽이 욕망을 억제하고 감정을 절제하는 부분이라고 전술한 바 있다. 그래서 전두엽이 마비되면 인간의 이성은 마비되고 하등 동물과 다를 바가 전혀 없게 된다. 그런데 놀랍게도 배우자의 불륜을 의심하는 순간 인간의 전두엽은 아주 손쉽게 마비된다.

그래서 아무리 합리적인 설명 심지어 하루 종일 CCTV를 녹화해서 보여주고 증거를 들이밀어도 절대 믿지를 않는다. 합리적인 추론과 판단을 할 수 있는 전두엽이 마비되었기 때문에 그렇다. 번식의 기회를 박탈당했다는 본능이 뇌를 완전히 장악하고 있는 것이다.

그렇게 오셀로의 비극 같은 일이 벌어지는 것이다. 그렇다면 의처증이나 의부증은 고칠 수 있을까?

아직까지는 현대 의학으로도 어렵다고 한다. 재미있게도 이혼을 하거나 완전히 결별을 하면 그 증세가 사라진다고 한다. 그러나 그 증세가 사라져서 재결합을 하면 다시 그 증세가 발생한다는 것이다. 의처증 의부증은 번식기회의 박탈에서부터 시작되었으며 이로 인해서 전두엽이 마비되고 합리적인 판단을 하지 못하는 데서 시작된다. 그리고 본능과 감정이 우리의 마음을 지배하고 있기 때문에 일어난다.

유방의 부인 여태후의 질투와 엽기적인 살인

이 세상에서 가장 엽기적인 살인은 어떤 종류가 있을까? 질투로 인한 사건은 인간이기를 포기한 듯한 양상을 자주 보여준다. 질투로 인한 보복 살인 중 가장 잔인한 사건으로 꼽히는 것이 중국을 통일한 유방의 부인 여태후의 질투로 인한 살인 사건이 아닐까 한다.

여태후의 질투는 살인까지 불러오고 그 살인도 아주 잔인하기로 유명하다. 중국을 통일하고 한나라를 세운 유방의 정부인이, 바로 그 여태후다. 장기 둘 때 한나라와 초나라 글자가 새겨진 말을 가지고 게임을 하는데 이 게임의 원 모델인 전쟁에서 유방이 초나라의 항우를 꺾고 나라를 세운 게 한나라다. 유방이 나라를 통일하고 난 이후 말년에 척부인이라는 후궁과 사랑에 빠지게 된다. 척부인은 유방의 후궁이었었고 유방은 정부인 여태후가 있었다. 그런데 후궁 척부인과의 사이에서 난 갓 태어난 아기를 태자로 책봉하려 시도하다 사단이 난다.

이미 여태후에게는 열두 세 살 된 아들이 태자로 책봉이 돼 있었다. 유방이 척부인과 사랑에 빠져서 갓 태어난 아기를 태자로 책봉하려던 유방은 신하들과 여태후에 반대에 뜻을 이루지 못하고 얼마 안 되어 사망하게 된다. 그리고 여태후의 어린 아들이 왕에 등극을 하고 여태후가 전권을 휘두르게 된다. 이때부터 여태후의 복수가 시작된다. 처음엔 이 척부인을 노예로 강등시켜 감옥에 가두고 쌀을 찌는 일을 시켰다고 한다. 그러나 그게 성에 차지 않았는지 역사에서 가장 잔인한 방법으로 이 척부인을 죽이게 되는데 그냥 한 번에 죽이는 것이 아니라 눈을 뽑아서 장님으로 만들고 귀에다가 유황을 부어서 귀머거리로 만들어 버린다. 그리고 머리를 깎아 버리고 팔다리를 완전히 다 잘라서 몸뚱아리만 남긴 채 돼지우리에 집어넣었다고 한다. 그리고 그 돼지우리에서 고통에 몸부림치다 죽게 했다고 한다. 여태후가 자기 황제인 자기 아들에게 이 장면을 보여줘서 이 아들이 심한 충격을 받고 정신병에 걸려서 술만 마시다가 20대 초반에 요절까지 하게 된다.

여태후의 질투는 비극적인 살인과 종말을 가져왔다. 이것이 질투의 무서움이다. 인간이 번식할 기회를 박탈당하면 인간의 이성은 완전히 마비되고 인간의 전두엽은 그 기능을 잃어버린다는 사실을 우리는 기억할 필요가 있다.

남자의 질투 여자의 질투

남자의 질투와 여자의 질투는 어떻게 다를까? 남자도 질투를 하고 여자도 질투를 하는데 그 양상이 묘하게 다르게 나타난다. 한 자료에 의하면 남자의 대부분은 자기 여자가 다른 남자에게 관심을 갖고 마음을 주는 것은 용서할 수 있으나 단 한 번만이라도 육체적인 관계를 맺었다면 용서를 하지 못하고 이성을 잃어버리는 경우가 많다고 한다. 남자의 약 60~70% 가 그렇다고 한다.

그런데 여자의 경우는 조금 양상이 다르다. 여자는 자기 남자가 한

번 정도 어디 술집 같은 데서 실수를 하였다면 물론 불같이 화가 나고 용서할 수 없는 분노가 일어나지만 가정을 위해서 또는 앞으로의 미래를 위해서 참을 수도 있다는 것이다. 그런데 그것이 지속적인 관계라면 또한 마음을 주었다면 이것은 도저히 용서가 되지 않는다는 것이다. 남자는 육체적인 관계가 단 한 번만이라도 있었다면 분노하고 여자는 자기 남자가 지속적인 관계, 마음을 주었다면 용납을 할 수 없다는 것이다. 왜 그럴까? 진화심리학의 관점을 빌려서 설명을 해보자면 이렇다. 바로 인간은 번식에 최적화되어 있는 동물이기 때문에 남녀가 질투도 다르게 진화했다는 설명이다. 남자는 석기시대부터 최근까지도 자기 자식이 자기 자식인지 확신할 길이 없었다. 현대의 유전자 검사의 역사는 한 20여 년밖에 되지 않는다.

그 이전에는 닮은 정도를 가지고 확신할 수밖에 없었다. 오죽하면 『발가락이 닮았다(김동인)』는 소설까지 있었을까? 과거에는 남자가 유전자를 보존하고 번식할 수 있는 유일한 길은 여자가 육체적 정절을 지키는 것이었다. 그래서 지금도 많은 하위 문화권에 여성 할례 같은 청산되지 못한 습관적 문화가 있다.

이런 것들은 여성의 육체적 정절만을 위해서 여성 할례를 한다. 현대에 와서 유전자 검사가 생기고 과학적으로 확인할 길이 생겼는데도 불구하고 이미 석기시대부터 세팅된 이 남자의 질투 방식은 바뀌질 않는다. 즉 자기 여자가 육체적인 정절이 무너졌을 때 남자는 번식의 기회를 박탈당한다고 생각하는 것이다. 전두엽이 마비되고 이성이 마비된다. 그리고 무서운 질투가 작동한다. 여자의 질투는 정반대의 상황 때문에 발생한다. 여자는 자기가 낳은 자식은 무슨 일이 있어도 자기 자식이다. 석기 시대에도 그렇고 조선시대에도 그렇고 오히려 현대에 와서 대형병원에서 아기가 바뀌는 경우가 아주 가끔씩 있었기는 하지만 근본적으로 여자는 절대 자기 자식에 대한 의심은 없다. 여자에게 중요한 것은 2세에게 투자되는 번식자원이다. 과거에는 여자가 아이의 양육을 책임지는 시대였었다. 현대 같으면 양육비 또 교육비 이런 것이 번식자원이다.

현대에서는 여성들도 경제적인 능력이 높아져서 오히려 남자보다 돈을 잘 버는 경우도 많아졌지만 석기시대나 또는 조선시대 등 과거에는 남자의 경제력으로 남자의 사냥 능력으로 아이를 양육하고 교육할 수밖에 없었다. 그러므로 남자가 다른 여자에게 지속적인 관계를 맺고 마음을 주고 사랑을 한다는 것은 내 자식한테 투자될 번식자원이 다른 곳으로 흘러간다는 것이다. 이것은 나의 유전자를 보존하고 나의 유전자를 퍼뜨리는 데 아주 치명타를 줄 수밖에 없는 것이며 따라서 여기에 대한 두려움이 여자의 질투의 양상으로 나타난다는 것이다.

무의식의 세계에서 남자와 여자는 서로 다르게 프로그램된다. 리처드 도킨스 씨의 "인간은 유전자 보전을 위해서 맹목적으로 프로그램된 로봇 기계"라는 명제를 질투라는 문제로 해석해 보면 이렇다. 남자는 육체의 정절로 질투를 하는 경향이 강하고 여자는 번식자원의 문제로 질투를 하도록 우리의 유전자에 프로그래밍되어있는 것이다. 그래서 질투로 싸움을 할 때도 서로 다른 관점에서 이야기하는 경우가 많다. 의처증 있는 남자는 "너 어떤 놈이랑 자고 왔어?" 이렇게 이야기한다. 근데 여자는 "너 어떤 년한테 퍼 주고 왔어?" 이렇게 얘기하는 경우가 많다고 한다. 이 의미는 내 자식한테 투자될 번식자원이 딴 데로 흘러갔다는 의미이며 그래서 번식의 기회 즉 유전자의 보존에 기회가 사라진다는 뜻으로 해석해 볼 수 있다. 유전자 보존이라는 번식 본능의 침해는 이성을 마비시키고 최고조의 갈등, 질투를 만든다.

남녀갈등

남녀갈등

사랑은 우리의 넋을 빼놓고 이성을 마비시킨다. 그리고 황홀감에 도취되고 낭만적인 기분에 빠져들게 한다. 그러나 시간이 지나면서 그런 기분이 서서히 식어가고 뜨거운 사랑도 식어가면서 남녀의 갈등은 시작된다.

사랑의 갈등-페닐에틸아민

백설공주 같은 동화는 언제나 마지막 장면에 왕자와 공주님이 아주 행복하게 잘 살았다는 이야기로 끝을 맺는다. 그런데 과연 그럴까? 왕자님과 공주님 신데렐라와 왕자님의 실제 뒷이야기는 이럴 것이다. 연애하고 사랑할 때는 뜨거운 로맨틱한 시간이 영원할 것 같다. 그러나 평생을 배신하지 않고 나만을 위해서 사랑해 줄 것 같던 그 사람이 어느덧 2년이 지나고 3년이 지나고 세월이 지나면 이상하게 시들고 사람도 서서히 변해 가기 시작한다. 백설공주와 왕자도 예외는 아니다. 그리고 이렇게 한탄을 한다.

"사람이 변했어! 옛날에 저러지 않았는데 왜 저럴 수가 있지?"

뜨겁던 사랑은 왜 거의 예외 없이 식어 갈까? 사랑의 비밀은 우리 뇌에 있다. 남녀가 뜨겁게 사랑하고 로맨틱한 감정을 느낀다는 것은 뇌에서 도파민이라는 짜릿함과 성취감을 주는 호르몬과 함께 '페닐에틸아민'이라는 사랑의 호르몬이 대량 방출되고 있는 것이다.

페닐에틸아민이라는 호르몬은 암페타민 계열의 마약과 화학식이 매우 비슷하다. 즉 사랑의 호르몬은 마약의 한 종류나 마찬가지이다. 우리가 깊은 사랑에 빠지고 로맨틱한 감정을 느끼고 행복감을 느낀다면 뇌 속에서 마약에 중독됐다고도 볼 수 있는 것이다. 마약의 첫 번째 특징은 이성을 잃게 하는 것이다. 올바른 판단을 하지 못하게 한다. 마약의 두 번째 특징은 바로 황홀감, 극치감 이런 것일 것이다. 극도의 행복감을 주는 도파민을 다량 방출시키고 인간은 도파민을 얻기 위해서 마약에 중독된다.

그런데 사랑에 깊이 빠져 있다는 것은 우리 뇌가 도파민과 페닐에틸아민이라는 호르몬의 지배하에 있다는 것이다. 그래서 사랑에 빠지면 냉철함을 잃고 이성적인 판단이 흐려진다. 사랑하는 상대가 성격이 이상한지 폭력성은 있는지 쇼핑중독의 낭비벽이 있는지 아니면 노름꾼인지 바람둥이인지 심지어 사기꾼인지 판단할 수 있는 이성은 흐려지고 사랑의 힘이 그것을 압도한다. 그러나 다른 사람들은 그것이 다 보인다. 그래서 충고를 해주지만 오히려 오해를 한다.

사랑에 깊이 빠진 사람 눈에는 그게 잘 보이지 않기 때문이다. 옆에서 아무리 얘기를 해줘도 사랑을 시기하기 위해서 하는 것이라고 치부하기 일쑤다. 뇌 속의 페닐에틸아민이라는 호르몬은 우리의 이성을 마비시키고 사랑하는 사람이 평생 배신하지 않고 나만을 위해서 사랑할 것 같은 착각에 빠지게 한다. 더 나아가서 사랑으로 이 사람을 얼마든지 변화시킬 수 있다고 굳게 믿는다.

마약의 두 번째 특징은 황홀하고 아주 기분 좋고 로맨틱한 감정을 느끼게 하는 것이다. 사랑의 특징과 동일하다. 그런데 마약도 그 효과가 오래가는 것이 아니고 몇 시간밖에 지속되지 않는다. 페닐에틸아민이라는 호르몬도 효과가 평생 가는 게 아니다. 평균적으로 보통 30개월 정도가 그 유효기간이라고 한다. 3년이 안 되는 것이다. 즉 사랑의 유효기간은 30개월, 만 3년이 되지 않는다는 것이다. 사람에 따라 편차는 있다. 요즘 젊은 사람들은 6개월 이내에 사랑이 식기도 하고 심지어는 결혼식 마치고 신혼여행 가자마자 바로 돌아와서 이혼 도장을 찍기도 하는 짧은 사랑의 유효기간을 갖기도 한다. 어쨌든 평균 30개월 정도의 시간이 지나면 페닐에틸아민의 마약의 효과는 떨어지고 도파민도 덜 나오게 된다. 로맨틱한 감정은 사라지고 냉철한 이성이 그 자리를 차지한다. 그리고 우리의 이성은 이렇게 이야기한다.

"저 사람이 변했어! 어떻게 저렇게 차갑게 변할 수가 있지? 옛날에 그 뜨거운 사랑은 어디로 간 거야?"라고. 그러나 사랑이 어디로 사라진 게 아니라 마약 성분의 페닐에틸아민이라는 호르몬의 효과가 떨어진 것이다. 사랑의 비밀은 페닐에틸아민이다.

우리는 사랑 때문에 많은 갈등을 한다. 이 사람이 정말 나를 사랑하는지 계속 의심도 해보지만 만나면 그런 마음은 사라지고 황홀함과 로맨틱한 감정이 우위를 점한다. 그것은 나의 이성이 아니라 바로 페닐에틸아민이라는 이런 호르몬 때문에 그런 것이다. 그렇다면 호르몬의 영향이다.

만약 사랑을 할 때도 냉철한 이성이 작동되고 상대방에 대해서 오직 계산기 두드리듯이 계산만 한다면 연애, 결혼이 이루어지는 경우는 많지 않을 것이다. 모두들 결혼정보 회사를 통해서 조건만 비교하다가 늙어 갈지도 모르는 일이다. 여기서 다시 리차드 도킨스 씨를 소환할 차례이다.

"인간은 유전자 보전을 위해 맹목적으로 프로그램된 로봇 기계이다!" 맹목적 프로그램됐다는 의미는 나의 의식 나의 자유의지와 관계없이 본능적으로 무의식의 수준에서 행동을 한다는 것이다.

사랑이 인간의 선택이며 자유의지인 줄 알았는데 그저 맹목적으로 프로그램된 것이었다. 그래서 우리는 조건 없는 불멸의 사랑을 꿈꾸는지도 모른다.

바람기의 갈등-바소프레신 옥시토신

어떤 사람은 한 가정을 위해서 헌신하고 바람기까지 없는 사람이 있는 반면에 어떤 사람은 가정도 돌보지 않고 바람기로 인해 바깥으로 나돌다가 일생을 망치는 사람도 있다. 그리고 일반적으로 우리는 이것을 인성과 가정교육의 문제라고 이해한다. 그런데 놀랍게도 이 바람기를 결정하는 호르몬이 발견되었다. 더 정확하게는 바람기를 잡아 주는 호르몬이다. 바로 바소프레신이라는 호르몬이다.

이 바소프레신은 남성형 호르몬이고 여성형 호르몬이 그 유명한 옥시토신이다. 즉 옥시토신의 남성형 호르몬이 바소프레신인 것이다. 그래서 옥시토신과 바소프레신은 남녀의 바람기에서 똑같이 작용을 한다. 바소프레신 수치가 높은 남자 또는 옥시토신 수치가 높은 여성은 바람기가 적고 가정을 위해서 내 자식을 위해서 헌신하는 경향이 높다고 한다. 역으로 바소프레신 또는 옥시토신 수치가 낮은 사람은 바람기가 많을 확률이 높다고 한다.

그렇다면 바소프레신 주사를 개발을 하면 어떨까? 그래서 바람기가 많은 사람한테 주사를 놓으면 바람기 없는 성실한 남편과 부인으로 돌아오지 않을까? 실제로 미국에서 비슷한 실험을 쥐에게 해서 성공하였다고 한다. 미국에는 산에 사는 산쥐가 있고 들에 사는 들쥐가 있다. 그런데 이 산쥐와 들쥐는 번식하는 데 상반된 방법으로 유전자를 퍼뜨린다. 산에 사는 산쥐는 엄청난 바람둥이 쥐로서 난교를 통해 유전자를 퍼뜨린다. 암컷도 그렇고 수컷도 그렇다고 한다. 보통 쥐는 한 번에 새끼를 10마리 전후 이상을 낳게 되는데 산쥐 새끼들의 유전자를 검사해 보면 y유전자가 다르다고 한다. 즉 그 암컷은 10여 마리 이상의 수컷과 교배를 해서 그 새끼를 낳은 것이다.

쥐는 교배 후 바로 정자와 난자가 바로 수정되는 것이 아니고 암컷의 자궁에 수컷의 정자를 일정기간 보관하는 장소가 따로 있어서 이런 일이 가능하다. 난교를 하는 동물들은 대부분 이런 기관이 있다. 그런데 엄청난 난교를 하는 산쥐에 비해서 도시 근처에 사는 들쥐들은 한번 짝짓기를 하게 되면 배우자를 바꾸지 않는다고 한다. 쥐의 수명은 길어야 한 1년, 2년인데 그동안 내 새끼를 위해서 계속 먹이 활동을 하고 평생 헌신을 한다.

그래서 쥐들의 뇌 속 호르몬 수치를 검사해 봤더니 산에 사는 산쥐는 바소프레신 수치가 낮고 들에 사는 들쥐는 바소프레신 수치가 아주 높게 나왔다. 그래서 과학자들은 산에 사는 수컷 쥐에다가 바소프레신 수치가 높아지는 주사를 놨다. 더 정확하게는 바소프레신 호르몬 주사를 놓은 게 아니고 뇌 속의 바소프레신 수용체를 조작하는 유전자를 활성화시키는 물질이라고 한다. 어쨌든 산에 사는 쥐에게 바소프레신이 높아지는 주사를 놨더니 바람기가 사라지고 평생 한 암컷에게 충성하고 가족에게 충성하는 놀라운 쥐로 바뀌었다고 한다. 인간도 그런 주사를 맞을 수 있는 날이 곧 온다면 세상은 어떻게 바뀔까?

만약에 배우자가 바람기가 많고 가정을 잘 돌보지 않는사람이 있다면 인성교육을 시키거나 아버지 학교에 가는 것 보다는 바소프레신 치료를 받는 시대가 올 수도 있을 것이다. 또 젊은 남녀가 결혼을 하기 위해서 사랑의 징표로서 반지 같은 걸 교환하는 시대에서 바소프레신 주사를 맞은 증명서(여성은 옥시토신)를 서로 교환하는 그런 시대가 오는 건 아닐까? 그렇다면 인간의 자유의지는 과연 있기나 한 것일까? 바소프레신 효과는 여성형 호르몬 옥시토신에게도 똑같이 적용이 된다. 애착 본능이 떨어져 아기를 잘 돌보지 않고 가정의 바깥으로 도는 여성에게 옥시토신 주사를 놓으면 놀랍게도 애착본능이 올라가고 아이를 잘 돌보게 된다. 남성에게도 역시 효과가 있다고 한다. 옥시토신은 바소프레신과는 다르게 주사로도 있고 비강 스프레이로도 있다. 다만 과다 투입 시 부작용이 있다고 한다. 이 부작용만 해결되면 옥시토신 제제가 일반화될 날이 가까운 미래에 올 것이다.

남녀의 뇌차이-뇌량과 멀티 능력

부인이 설거지를 하면서 TV를 보고 있는 남편에게 이야기한다.

"여보 이것 좀 갖다 버려 주세요" 남편은 "응 알았어" 하면서 전혀 미동도 없고 계속 TV만 보고 있다. 부인은 화가 머리끝까지 치밀어 이렇게 절규한다. "저 사람은 내 말을 귓등으로도 안 들어!" 이렇게 남녀의 갈등은 점점 심화된다. 남자는 왜 여자의 말귀를 잘 알아듣지 못할까? 그 이유는 여러 가지가 있겠지만 평상시의 심각해진 부부관계 등을 제외하고 남녀의 선천적인 차이에서 보면 첫 번째는 바로 공감 능력이고 두 번째는 바로 뇌의 구조 때문에 그렇다고 말할 수 있다. 이번 장에서는 남녀 뇌의 구조 차이 때문에 생기는 멀티 능력을 집중적으로 다루어 보고자 한다.

여자는 선천적으로 한 번에 여러 가지 일을 처리하거나 또 TV를 보고 커피를 마시면서 전화를 동시에 받을 수가 있다. 그러나 대부분의 남자에게 그것은 초능력에 가까운 능력이다. 많은 남자들은 TV를 볼 때는 TV에만 집중하고 게임을 할 땐 게임에 집중하고 책을 볼 땐 책에만 집중을 한다.

만약 TV에 집중하고 있는데 전화가 온다면 전화기를 들고 밖으로 나가거나 TV소리를 줄여야 통화가 가능하다. 다른 일을 동시에 할 수가 없는 뇌 구조 때문에 한 가지 소리에 집중을 하면 다른 소리는 잘 들리지 않는다. 남녀의 뇌 구조는 어떻게 다르길래 그런 차이가 날까?

인간의 뇌는 좌뇌와 우뇌로 구성되어 있는데 이 좌뇌와 우뇌가 실제로 물리적으로 분리되어 있다. 그래서 해부적으로 이 좌뇌 우뇌를 잡으면 좌우로 쫙 벌어진다. 이 좌뇌와 우뇌를 연결하는 가운데 부분이 있는데 이 부분 때문에 하나의 뇌로 통합되어 있는 것이다. 그 부분을 바로 뇌량이라고 한다. 교량이라고 쓸 때 사용하는 량(梁)자가 바로 뇌량에 쓰이는 량(梁)자이다. 즉 좌뇌와 우뇌를 연결시켜 주는 교량-다리라는 뜻이다. 실제로 이 뇌량은 좌뇌와 우뇌를 연결시켜 주는 신경망이 촘촘히 지나고 있어서 마치 두꺼운 케이블 다발이 회로로 연결되어 있는 것과 같다. 그래서 좌우 뇌가 하나로 통합되고 우리가 하나의 인격체로 살아갈 수 있는 것인지도 모른다.

그런데 남자와 여자는 이 뇌량의 크기가 좀 다르다. 평균적으로 여자는 남자보다 이 뇌량의 크기가 10%에서 20% 정도 더 크다고 한다. 즉 좌뇌와 우뇌가 케이블로 더 촘촘히 연결되어 있는 것이다. 그래서 여자는 어떤 일을 할 때 좌뇌와 우뇌를 아주 효율적으로 사용을 한다고 한다. 그래서 TV를 보면서 전화를 받을 수 있는 멀티능력이 가능하다. 남자도 물론 좌뇌 우뇌를 다 쓰긴 하지만 여자보다는 그 효율성이 떨어진다. 그래서 여자보다는 멀티로 일을 처리할 수 있는 능력이 떨어지고 TV 소리와 전화 소리를 동시에 처리할 수 없다는 것이다. 그렇기에 앞에서 본 사례처럼 여자는 남자를 오해하고 갈등이 시작되는지도 모른다. 그렇다면 남자는 여자보다 진화가 덜 된 것일까? 그것은 아닌 것 같다.

그 대신에 남자는 한 가지 일에 집중을 하면 거기에 대해서 아주 체계적으로 접근하는 데 뛰어나도록 진화된 것 같다. 즉 사냥의 뇌가 대단히 발달되어 있는 것이다. 남자는 숲에서 부스럭거리는 작은 소리라도 그 방향과 거리까지 어림할 수 있다. 그래야만 사냥감이나 적을 추적하고 공격할 수 있다.

그래서 남자는 한 가지에 집중하고 있을 적에는 다른 소리나 다른 것들이 잘 들리지 않는다. TV나 게임에 집중을 하고 있을 때는 사실 그들의 뇌는 사냥을 하고 있는 것이다. 부인이 설거지를 하면서 남편한테 쓰레기 좀 버려 달라고 부탁을 했지만 남자는 무슨 소리가 들렸기 때문에 "응 알았어" 하고 대답은 하지만 뇌 속에서는 그것이 완전히 의미화되어서 들리는 것이 아니다. 그래서 벌떡 일어나서 쓰레기를 버리러 나갈 수 있는 그런 상태로 뇌에서 명령이 내려지지 않는다는 것이다.

그렇다면 여자는 남자가 어떤 일을 집중하고 있을 때 대화를 시도하려면 먼저 주의 집중을 돌려놓는 선제 행동이 필요하다. 가까이 가서 남자 어깨를 툭툭 치거나 호칭을 부르거나 하는 행동으로 집중 상태를 바꾸어 준 다음에 이야기를 하면 훨씬 효율적이다. 그래야 남자의 뇌에서 의미화가 돼서 행동으로 옮길 수 있다. 그래서 아들과 딸에게 얘기할 때도 다른 방식으로 접근해야 한다. 딸이 어떤 일을 하고 있을 때 "이것 좀 해 줘" 라고 지나가는 말로 이야기를 해도 딸은 쉽게 알아듣지만 아들은 게임이나 다른 일에 집중하고 있을 때 잘 알아듣지 못한다. 엄마의 눈을 바라보게 아들을 붙잡고 주의 집중을 바꾸어 주어야 그것이 뇌로 접수가 된다.

즉 뇌에서 의미화가 되느냐 안 되느냐의 차이다. 그것이 바로 뇌량의 구조에서부터 기인한다. 그런 현상은 식당에서도 자주 목격한다.

여자는 식사를 할 때 앞에서 이야기하는 사람의 소리만이 아니라 주변의 두세 사람의 이야기도 다 의미화가 돼서 해석해 낼 수가 있다. 그러나 남자는 앞사람과 대화에 집중하고 있을 때는 주변의 이야기는 잡음으로밖에는 들리지 않는다.

의미화가 잘 이루어지지 않고 한 가지 일에 집중하는 것이다.

하나밖에 일 처리를 못 하는 것이다. 그렇다고 남자가 여자보다 듣는 능력이 떨어지는 것은 아니다. 다만 그 능력이 다르게 발현되었을 뿐이다. 남자는 사냥에 특화되어 있다고 앞서 이야기했는데 예를 들면 밤중에 어디서 멀리서 고양이 소리가 작게 들릴 때 남자는 고개를 돌리면 그 방향과 거리를 거의 정확하게 어림할 수 있다고 한다.

즉 남자는 소리를 입체적으로 해석해 낼 수 있는 좌뇌의 기능이 발달되어 있다. 입체적으로 해석하는 기능은 사물을 보는 능력에서도 차이가 난다. 대표적인 사례가 운전할 때 주차하는 능력이나 지도를 보는 능력이다. 남자는 주차할 때 주변의 지형지물이 뇌 속에서 입체적으로 전개된다. 심지어 지도를 보다가 지도를 뒤집어도 뇌 속에서 그대로 뒤집혀서 이해할 수 있다.

그래서 운전이나 주차 문제에서는 남자가 조금 더 유리한 이유가 바로 이 입체적으로 보는 체계화에 능력, 즉 사냥의 능력이 그대로 살아 있기 때문에 그런 것이라고 볼 수 있다. 그런데 부스럭하는 소리가 어디서 들리는지 거리가 어디쯤 되는지 어림할 수 있는 능력은 현대에 오면서 점점 필요 없는 능력이 되고 있다. 심지어 주차나 운전 같은 것도 주차 보조 장치나 자율 주행 자동차의 발달로 인해 점점 쓸모없는 능력으로 변모하고 있다.

오히려 여성이 갖고 있는 멀티 능력이 현대에서는 더 필요한 능력이기도 하다. 진화학자들에 따르면 여자는 과거에 아이를 양육하면서 동시에 가사일도 해야 하고 또 옆집 사람들과 대화도 해야 되는 그런 환경에서 살아왔기 때문에 멀티 능력이 발달된 것이고 남성들은 사냥에 집중해야 되기 때문에 이런 멀티 능력보다는 한 가지에 집중하는 체계회의 능력이 더 발달되었다고 한다.

여러 종류의 남녀 갈등이 있지만 멀티능력과 뇌 구조로 기인한 갈등도 그 기원을 알면 조금 더 현명하게 대처할 수 있을 것이다.

남녀의 커뮤니케이션 갈등과 공감능력

남녀의 선천적인 차이에서 시작되는 갈등원인 중에 첫 번째가 공감 능력이고 두 번째는 바로 뇌의 구조 때문이라고 앞서 이야기하였는데, 남녀의 공감능력 차이란 것은 어떤 의미를 가지고 있을까? 한때 인기를 끈 TV드라마 중에 이런 대사가 나온 적이 있다. 여자친구가 새로 이사했는데 남자친구에게 이런 호소를 한다.

“집안에 페인트 냄새 페인트 냄새가 너무 심해서 견딜 수가 없다. 창문을 열면 바깥의 매연이 너무 많이 들어오고 창문을 닫으면 페인트 냄새에 질식할 것 같고 이거 도대체 어떻게 했으면 좋겠냐?”고 남자에게 하소연을 한다. 창문을 열어야 되느냐 말아야 되느냐? 이때 남자는 고민에 빠진다. 문을 열어야 되느냐 닫아야 되느냐 라는 목적과 수단에 집중을 하게 된다. 그리고 문제 해결을 위해 뇌가 바쁘게 작동한다. 공기 청정기를 설치해야 할지 냄새 중화제를 사야 할지 등등. 그러나 여자가 원하는 대답은 그게 아닐 가능성이 높다.

오히려 “얼마나 힘들었겠니? 정말 힘들었겠구나”라는 위로의 말이나 자기 아픔에 대해서 공감해 달라는 그런 의미일 가능성이 높다. 남자들의 대화는 문제를 해결하고 목적을 달성하는 데 특화되어 있다.

여자가 질문하기를 문을 열어야 되느냐 닫아야 되느냐라고 물어봤으면 남자의 뇌는 둘 중에 어떤 것을 선택할지 바쁘게 작동 된다는 것이다. 여기에서 남녀의 대화의 차이가 벌어지고 갈등의 단초가 시작된다. 이것은 남녀의 공감능력의 차이에서 비롯된 것이다.

공감능력은 다른 사람의 아픔과 감정을 내 감정으로 느끼는 능력인데 남녀의 경우 일상적인 대화 속에서 공감능력의 차이로 인해 문제가 발생한다. 이것을 잘 설명해 주는 법칙이 엠패스 편에서 이야기한 메라비언의 법칙이다. 메라비언(UCLA명예교수)은 1981년 발표한 『침묵의 메시지』라는 책에서 대화를 할 때 직접적인 언어보다는 비언어적 요소의 비중이 더 크다고 주장을 하였다. 언어의 비중은 약 7%밖에 되지 않고 언어의 뉘앙스나 태도나 표정, 전후 상황 같은 이런 것들이 대화의 93%를 결정한다는 것이다. 물론 대화가 거의 100%를 결정하는 그런 커뮤니케이션도 있다. 수학 강의나 공무원 시험을 위한 인강 등은 뉘앙스나 태도보다는 설득력 있는 내용이 더 중요할 수 있다.

그러나 석기 시대에는 그런 수학강의나 인강이 없었고 일상적인 대화만 있었다. 일상적인 대화에서는 뉘앙스나 표정, 전후 상황이 더 중요하다. 예를 들어 "잘~한다." 이런 말도 뉘앙스에 따라 상대방을 비난하거나 아니면 못했다는 의미가 되기도 한다. 자녀가 부모에게 "스마트폰 또 고장 났어요!"라고 한다면 아마도 이 말뜻은 아마도 "스마트폰 하나 사주세요!"일 것이다.

"스마트폰 또 고장 났어요" 라는 말 속에 "사줘"라는 말은 없었지만 우리는 그것을 정확하게 알아 듣는다. 그래서 이 메라비언의 법칙은 인간의 언어는 껍데기에 불과하며 그 뒤에 숨겨진 뉘앙스, 태도 이런 것들이 더 중요하다고 주장한다. 그 언어 뒤에 숨겨진 의미를 파악하는 능력이 바로 공감 능력이다.

언어의 뉘앙스와 태도 표정 등은 인간의 감정을 표현하는 수단이다. 즉 대화를 한다는 것은 상대방의 감정을 읽어내는 것이다. 상대방의 감정을 잘 알아채야 비로소 그 말의 숨은 의미를 정확하게 알 수 있다. 그런데 남자는 여자보다 공감능력이 떨어진다. 그래서 남자는 대화의 숨은 의미를 찾아내는 데 어려움을 느끼고 직접적인 메시지보다는 비언어적인 대화와 은유와 비유를 많이 사용하는 여자와 대화를 하는 데 어려움을 느낀다. 남자의 뇌는 왜 여자보다 공감능력이 떨어질까? 진화심리학자들에 따르면 남자는 사냥과 전쟁능력에 특화되어 있기 때문에 그렇다고 한다. 사냥을 할 때의 상황을 보자. 멧돼지가 저기로 뛰어가고 있는 급박한 상황에서 사냥의 언어는 간명하고 정확한 의미 전달이 중요하다.

"야 넌 저리로 뛰어가고 넌 이리로 뛰어가고 너는 돌 던지고 너는 저기서 길을 가로 막고 야 빨리 가! 빨리 가!" 뉘앙스와 은유와 비유 표정 등으로 이야기할 겨를이 없다. 그랬다는 그 사냥은 실패하고 말 것이다. 남자의 대화는 사냥이라는 목적을 위해서 단답형으로 지시와 수단을 이야기한다. 문제를 신속히 해결하고 목적을 달성하도록 남자의 대화는 진화해 왔다. 남의 마음을 헤아릴 그럴 겨를이 없다. 이것이 바로 사냥과 전쟁에서의 대화의 특징이다. 그런데 현대에

선 이런 사냥의 기회보다는 오히려 공감해 주고 다른 사람을 배려해 주고 아픔을 같이 나누는 그런 직업군이 많이 늘어나고 여성의 공감능력이 빛을 발하는 시대가 되었다.

물론 아직도 연구소나 개발실, 프로젝트를 위한 대화 등은 사냥의 대화가 더 우위에 있기도 하다. 공감능력이 뛰어난 사람도 사회생활과 조직 생활을 오래하면 목적달성과 문제해결이 중심이 되는 사냥의 대화에 익숙해진다. 공감의 대화와 사냥의 대화로 대별되는 능력은 후천적으로 사회적 환경에 의해서 변하기도 하지만 임신기에 자궁 속에서 결정되는 선천적인 영향도 매우 크다.

오랜 시간 진화되어 온 서로 다른 능력이 엄마 배 속에서 발현된다는 것이다. 난자와 정자가 만나서 수정이 되면 남자 태아의 경우 임신 8주부터 남성호르몬으로 알려진 테스토스테론에 대량 노출된다. 그래서 8주부터 24주 사이를 '남성호르몬 샤워기'라고 하는데 이 테스토스테론이 남성의 뇌를 목적 달성과 문제해결에 특화된 사냥의 뇌로 바꾸고 공감능력을 많이 떨어뜨린다.

물론 여성의 경우에도 이 호르몬 때문에 공감 능력에 많이 떨어져 있는 경우가 있다. 공감능력은 뇌에서 거울 세포와 전두엽과 함께 작동되는데 남성호르몬 샤워기에 형성이 되는 것이 첫 번째라면 두 번째는 청소년, 시기 초중고 시기에 어떤 환경에서 살았느냐에 따라서 결정이 된다. 엄마 배 속의 자궁 환경에서 선천적으로 타고나는 것이 50%정도라면 그 이후 만 17세까지 전두엽이 완전히 새롭게 형성되는데 이때 어떤 환경에서 어떻게 자라느냐에 따라서 이 공감능력이 크게 영향을 받는다고 한다. 아주 가혹한 환경, 부모의 학대 또 친구들의 왕따, 학폭 이런 것들을 지속적으로 경험하게 되면 전두엽 발달에 치명적인 영향을 주고 남녀를 불문하고 공감 능력이 떨어지게 된다. 그러나 부모님의 따뜻한 사랑과 스킨십 또 좋은 친구 관계 이런 환경에서 자라면 공감 능력이 떨어져 있던 남자도 상당히 공감능력이 올라가게 된다.

이 공감능력이라는 것은 사람에 따라 편차가 심한데 평균적으로 봤을 때 여자가 남자보다 공감능력이 뛰어난 건 사실이다. 이것은 어린아이 실험에서도 여러 번 시현되었는데 세 살 네 살 된 어린 아기한테 엄마가 막 울면서 "엄마 다쳤어 ㅠㅠ" 이럴 때 여자 아기 어린이는 같이 울면서 "엄마ㅠㅠ"하면서 같이 운다. 그러나 남자 아기들은 눈을 멀뚱멀뚱 뜨면서 엄마가 왜 우는지 이해하지 못하는 경우가 많다. 그럴 정도로 선천적으로 타고난 공감능력의 차이도 큰 것이다. 바로 이 공감 능력이 상대방의 비언어적인 커뮤니케이션을 이끌고 상대방의 마음을 읽어 내는 능력이며 그 차이가 대화의 차이를 만든다. 남녀의 갈등 중에서 커뮤니케이션 갈등, 대화의 갈등이 멀티능력의 차이가 그 첫 번째 이유라면 공감능력이 그 두 번째 이유가 될 것이다. 과거 석기시대에 서로 다르게 진화한 것이 현대에 와서는 대화 단절의 문제를 일으키고 있는 것이다.

성정체성의 갈등

어느 날 아들이 와서 이런 폭탄 선언을 한다. "어머니 저 이제부터 여자로 살아갈 거예요 여자로 성전환 수술을 하게 돈 좀 주세요"

아니면 딸이 와서 이런 폭탄선언을 한다. "저 남자로 살아갈 거예요 남자로 성전환 수술 하겠습니다!" 이럴 때 우리는 어떻게 이해하고 대처해야 하나? 보통 사람들은 세상의 반은 남자이고 세상의 반은 여자로 나누어져 있는 것으로 생각하고 있다. 그러나 사실은 남자와 여자의 중간지대에 있는 사람이 많이 있다.

흔히 알려져 있는 중간 지대의 성정체성을 가진 사람들, 동성애자, 트랜스젠더, 간성애자, 무성애자, 양성애자 등 매우 다양한 종류의 여자도 아니고 남자도 아닌 사람들이 많게는 약 5% 이상이 있다고 한다. 그렇다면 남자와 여자의 중간지대에 있는 사람들은 왜 존재하는 것일까? 이것은 태어나서 주변 사람들의 환경에 의해서 영향을 받는 것일까? 아니면 엄마 뱃속에서 결정돼서 선천적으로 타고나는 것일까? 만약 후천적으로 환경에 의해 영향을 받는 것이라면 자녀 양육 환경이나 교육에 대해서 더욱 세심한 주의가 필요할 것이다.

그러나 만약 태어나기 전에 본인의 의지나 교육과는 상관없이 선천적으로 결정되는 영향이 더 큰 것이라면 우리는 그것을 받아들여야 할 것이다. 왜냐하면 그것은 자유의지로 바뀌기 어렵기 때문이며 또한 자연의 선택이며 더 나아가서는 신의 선택도 되기 때문이다. 성정체성에 대해서 과학은 선천적으로 타고 나는 영향이 크다고 말한다.

남녀의 성은 8주부터 24주 사이 즉 임신 후 6개월 안에 결정이 된다. 앞서 설명한 남성호르몬 샤워기에 성이 결정된다는 것이다. 그래서 완전히 6개월이 될 때까지는 이 태아가 완전한 남성이다 완전한 여성이다 하고 확신하기가 어렵다. 물론 중간에 초음파 촬영을 해보면 태아의 성기의 모양도 구분할 수 있어서 남녀의 구분을 할 수 있는 것처럼 보인다. 하지만 성 정체성과 성의 본성으로 봤을 때 완전한 남자 완전한 여자가 되는 것은 바로 6개월이후라는 것이다.

임신 8주부터 24주 사이에 엄청나게 많은 남성호르몬이나 또는 여성호르몬의 영향을 받게 되는데 특히 남자의 경우에는 Y 염색체로 인해서 8주부터 24주 사이에 어마어마한 남성 호르몬을 흡수하게 된다.

그래서 이 시기를 바로 남성호르몬 샤워기라고 하며 공감능력에 지대한 영향을 준다고 이야기하였다. 이 시기에 남녀의 성도 완전하게 결정된다. 그래서 태아는 6개월이 지나야 육체적인 성과 함께 정신적인 성도 결정이 된다. 정신의 성은 뇌에서 결정되는 것이다. 여기서 이해해야 하는 것이 바로 성 정체성과 성 지향성이다. 성 정체성은 나의 육체의 성과는 상관없이 본인이 남자로 느끼느냐 여자로 느끼느냐 하는 것이 바로 성 정체성이다. 남자의 육체로 태어났는데 여자로 느끼고 또는 그 반대의 사람들이 있다. 놀랍게도 이것을 빠르면 4살부터 느낀다고 한다.

그리고 자신의 육체와 정신적인 성이 바뀐 것에 대해서 성장기 내내 갈등하고 방황한다. 즉 성 정체성이 바뀌어 있는 것이다. 이것이 바로 트랜스젠더 이다. 성전환 수술 받은 사람이 트랜스젠더가 아니고 성전환 수술과 관계없이 성 정체성이 바뀌어 있는 사람 이것이 바로 트랜스젠더이다. 전 인류의 1%에서 2%, 많게는 3% 까지 있다고 보고되어 있다. 성 지향성은 성적이 이끌림을 어떤 성에게 느끼느냐의 문제이다. 즉 남자에게 성적인 끌림이 있는가 아니면 여자에게 끌림이 있는가 이것이 성 지향성이다. 남자면 여자에게 성적인 매력을 느끼는 것이 당연하다고 생각하지만 남자한테 성적 매력이 끌린다면 성 지향성이 남자에게로 향한 것이다. 이것이 동성애자-게이-이다. 역시 마찬가지로 여자인데 여자에게 성 지향성이 있다면 이것도 동성애자-레즈비언-이다. 그래서 동성애자는 성 지향성의 문제이고 트랜스젠더는 성정체성의 문제이다. 그래서 성 정체성이 자기 육체와 일치하는 사람은 성전환 수술을 받지 않는다.

이 지점에서는 갈등이 없다. 다만 성 지향성이 반대로 되어 있기 때문에 사랑을 이성과 하지 않고 동성과 할 뿐이다. 이런 성 정체성과 성 지향성이 임신 8주부터 24주 사이에 결정되기에 선천적인 영향이 크다는 것이다. 사실 우리가 이것만 이해를 해도 다른 사람의 성을 억지로 바꾸려고 하는 노력을 하지 않을 것이다.

또한 이것이 큰 병인 것처럼 그리고 잘못되어 있는 것처럼 생각하는 오해도 줄어들 것이다. 세상은 오직 남자와 여자만이 존재한다는 고정관념 때문에 갈등이 벌어진다. 이 세상은 남자와 여자 딱 둘만 존재하는 것이 아니라 중간지대에 있는 많은 사람들이 존재한다.

트랜스젠더 동성애자뿐만이 아니라 양성애자 간성애자 무성애자 이런 다양한 사람들이 있다. 간성애자는 남자의 성기와 여자의 성기를 동시에 갖고 있어서 남자의 성행위와 여자의 성행위를 다 할 수 있는 사람이다. 간성(intersex)은 성염색체가 이상이 있거나 이로 인해 자궁 환경에서 성기가 다르게 발현되어 외부 생식기는 남성인데 난소가 있는 등 다양하게 나타난다. 일반적으로 규정된 남성과 여성의 신체적 특성을 가지고 있지 않은 성별을 지칭한다. 조선시대에도 사방지란 사람의 간성애자의 기록을 엿볼 수 있으며 영화화되기도 하였다. 간성애자의 말뜻은 사이 간(間)자를 사용해서 간(間)성애자라고 한다.

남자와 여자의 중간이라는 뜻이며 영어로는 intersex 로 표기하며 동일한 뜻이다. 어느 성별에도 끌리지 않는다면 무성애자(asexual)이다. 성적인 흥미와 취미와 매력을 느끼지 못한다. 그러나 정신적인 사랑은 한다. 하지만 육체적인 사랑은 별로 좋아하지 않는 사람, 섹스를 한번 하느니 차라리 달콤한 케이크가 더 좋다. 이게 바로 무(無)성애자이다. 그래서 세상에는 이런 남성과 여성이 이외에도 다양한 성 정체성, 성 다양성이 있는데 이것이 엄마 뱃속에서 8주부터 24주 사이에 호르몬의 영향에 의해서 뇌에서 결정 된다는 것이다.

즉 타고나는 영향이 더 크다는 것이다. 이런 과학적인 사실을 잘 모르던 시절엔 여러 가지 비극이 많이 있었다. 아주 대표적인 사례로 2차 세계대전을 승리로 이끈 앨런 튜링이라는 사람이 있다.

인공지능을 판별하는 테스트인 튜링 테스트를 제안한 바로 그 사람이다. 앨런 튜링은 독일의 이니그마라는 암호를 풀어내는 세계최초의 컴퓨터를 개발하고 컴퓨터의 아버지로 불리는 인물이다.

그 기계식 컴퓨터 덕분에 연합군은 독일의 잠수함이나 독일 군대의 이동을 손바닥 보듯이 환하게 볼 수 있었고 연합군이 2차 세계대전에서 승리를 하는 데 결정적인 기여를 하였다. 그러나 앨런 튜링은 전쟁 이후에 훈장을 받기는커녕 동성애자라는 이유로 재판에 회부된다. 그 당시 영국에서는 동성애자는 범죄였던 것이다.

지금은 영국에서 동성결혼은 완전히 합법이고 심지어 전설적인 가수 앨튼존이 동성 결혼 이후에 영국 왕실에서 작위를 내렸을 정도로 세상이 바뀌었지만 그 당시에는 그랬다. 어쨌든 앨런 튜링은 재판에서 범죄사실이 인정되어 호르몬 치료를 받게 된다. 결국 그는 이것을 견디지 못하고 사과에 청산가리를 넣어서 이 사과를 먹고 자살을 하게 된다. 한 천재의 비극적인 결말이다. 그 앨런 튜링이 먹은 사과가 바로 지금 애플사의 사과라는 설도 있다. 애플의 초기 로고를 보면 무지개 빛의 사과가 있고 여기 한입 베어 먹은 자국이 있다. 무지개빛은 바로 다양한 성 정체성을 의미하며 퀴어 축제 등에서 공식 깃발로 사용되기도 한다.

시월드와 갈등

시월드와 갈등

시자 들어가는 것은 다 싫어 !

시금치도 시나위도 시치미도 다 싫어!

결혼은 시댁과 처갓집과의 갈등의 시작이고 끝이다.

며느리 관점

이진주(가명)씨는 직장을 마치자 마자 집으로 부리나케 향했다. 오늘 남편과 아이들을 위해서 맛있는 특별 요리를 준비하려고 단단히 맘을 먹었다. 유튜브에서 레시피도 확인하고 마트도 들러 요리 재료도 준비했다. 그리고 집에 도착했는데 집안 공기가 좀 이상하다.

누군가가 부엌에 손을 댄 것이다. 아주 깨끗하게 청소되어 있었지만 내가 정리한 대로 되어 있질 않았다. 그런데 가스레인지에 올려져 있는 냄비! 두근거리는 마음을 진정하고 뚜껑을 열어 보니 남편이 어릴 때부터 가장 좋아한다는 요리가 그 안에 있었다. 시어머니가 낮에 와서 만들어 놓고 간 것이다! 그런데 그 요리를 보는 순간 갑자기 분노가 치밀어 오르는 것을 참을 수 없었다. 왜 내 집에 나에게 연락도 없이 왔다 간 거지?

나는 내 물건을 허락없이 손대는 사람이 제일 싫어! 그런데 어떻게 내 부엌을 마음대로 휘젓고 다닐 수가 있지? 진주 씨는 그간의 시어머니와 쌓였던 감정이 하나하나 되살아나며 끓어오르는 분노가 더욱 증폭되며 온몸을 휘감는 것을 느꼈다.

신혼 초에 혼수 때문에 트집 잡은 일이며

남편이 좋아하는 음식이 있는데 제대로 할 줄 모른다며 구박했던 일이며 감정이 꼬리에 꼬리를 물고 일어나기 시작했다. 감정의 화오리가 극에 달했을 때 마침 남편이 퇴근했다. 옷도 제대로 못 벗은 남편에게 진주 씨는 뛰어가서 감정을 마구 쏟아 냈다. 어떻게 어머니는 나 없는데 와서 부엌을 마음대로 휘젓고 다닐 수가 있느냐! 내가 가족을 위해 준비한 요리는 무용지물이 되고 어떻게 이럴 수가 있지? 진주씨는 눈물을 그렁그렁 하며 분노의 감정을 남편에게 전부 쏟아 낸다.

남편은 부엌이 엉망진창이 되었나 보다 생각하고 부엌에 가본다. 그랬더니 웬걸? 아주 깨끗하게 정리되어 있을 뿐 아니라 자신이 가장 좋아하는 요리가 냄비에 정갈하게 담겨져 있는 것이 아닌가? 남편은 부인에게 차분하게 그리고 감정을 절제하고 말했다. "여보 이성적으로 판단해봐 부엌도 깨끗하게 정리되어 있고 저녁 요리까지 되어 있으면 당신의 수고도 덜고 더 좋은 거 아니야? 이제 감정을 내려놓고 이성적으로 바라보자고!" 그러나 이 차분하고 이성적인 말은 오히려 기름에 불을 붙인 격이 되었다. 그리고 공격의 대상은 시어머니에서 남편에게로 바뀌었다. 그리고 그날 저녁 그들의 저녁은 지옥이 되었다.

시어머니 관점

진주 씨의 시어머니는 요즘 마음이 무척 불편하다. 며느리와의 사이가 매우 나빠졌기 때문이다. 어느새 아들집에 가본 지도 한참 되었고 그리고 무엇보다도 손주들도 보고 싶고 여러 가지로 며느리와의 관계가 틀어진 것이 아무래도 본인 탓인 것만 같다. 그러다 문득 아들이 어릴 때부터 좋아하던 요리가 생각났다. 아들만이 아니라 며느리와 손주들도 모두 맛있게 먹었던 기억이 났다. 이걸 가져가 주면 모두들 좋아할 것만 같았다. 집에서 거의 하루 품을 들여 그 요리를 정성 들여 만들었다. 그리고 그걸 들고 아들 집으로 향했다. 집 문 앞에서 예전 비밀번호를 눌러 봤다. 만약 비밀번호가 다르면 아들에게 전화를 해야 할지 문 앞에 냄비를 두고 와야 할지 고민이었다. 그런데 문이 스르륵 열리었다. 집안에는 아무도 없었다. 손주 둘은 전부 어린이 집이나 유치원에 간 것 같고 며느리도 출근한 상태이니 집은 너무나도 조용했다. 부엌으로 향했다. 수납장에서 냄비를 하나 꺼내 준비해 온 요리를 옮겨 담고 싱크대 청소 및 설거지와 그릇 정리 등을 하고 집을 빠져나왔다. 그리고 집에 돌아와서 혼자만의 상상에 빠졌다.

아들 내외와 손자들이 맛있게 저녁을 먹고 좋아할 생각을 하니 얼굴에 만족한 미소가 그려졌다.

본능관점

본능이라는 관점에서 이사건을 해석하자면 시어머니는 며느리가 지배하는 영역을 침범한 것이다. 가정에서 부엌은 철저하게 주부가 지배하는 영역이고 각자 아이들은 자기 방을 자신의 영역으로 사수하고 있고 남편은 거실의 소파 정도만이 자신의 영역인 경우가 많다. 부모가 아이들 방을 마음대로 청소하는 것에 대해 큰 반발을 일으키거나 아버지가 딸의 방에 들어가려고 하면 거부당하기 일쑤다. 인간은 영역 동물이다. 영역 본능이 강한 사람은 자신의 영역이 침범당하면 분노하고 공격 상태로 전환된다. 이것은 이성의 영역이 아니다. 우리의 이성보다 더욱 강력하게 인간을 지배하는 것은 번식 본능이다. 번식 본능 중에 바로 영역 본능이 있다. 영역을 침범당한다는 것은 번식 자원의 상실의 위기에 처해진 것이다.

뇌 속의 변연계는 긴급 신호를 발생시킨다. 스트레스 호르몬으로 널리 알려진 공격 호르몬 코티졸을 대량 방출한다. 코티졸은 이성을 담당하는 전두엽을 마비시키고 몸과 마음을 공격 상태로 전환시키는 호르몬으로 앞서 자세히 기술한 바가 있다. 나의 영역에 들어온 적에 대항하기 위해 수십만 년간 진화되어 온 매커니즘이다.

호르몬은 분노와 스트레스라는 형태로 분출된다. 우리의 이성이 그것을 모를 뿐이다. 인간은 본인의 자유의지로 그런 행동을 하는 것으로 착각하고 있다. 왜냐하면 본능은 교묘하게 우리의 이성 뒤에 숨어 우리의 이성을 조종하고 무력화하기 때문이다. 무의식의 세계에서 작동하는 것이 번식 본능이다. 부엌은 주부가 지배하는 영역이다. 그 곳에 시어머니가 연락도 없이 와서 마음대로 요리를 하고 정리를 한 것은 이성적으로 보면 매우 고마운 일이지만 본능이란 관점에서 보면 심각한 영역 침범을 일으킨 것이다. 그리고 며느리의 전두엽은 코티졸에 의해 잠시 마비되고 이성은 저 멀리 날아간 것이다.

그 상태에서 남편이 이성적으로 판단하라고 하는 말은 더욱더 분노를 일으킬 수밖에 없다. 전장의 군인에게 총을 내려놓으란 말이나 다름없기 때문이다.

멋진 전원 주택에서의 참사

사업을 크게 하는 한 지인이 멋진 전원주택을 소유하고 있었다.

주말이면 그 집에 친구들과 지인들을 불러 모아 파티도 하고 또한 주택과 정원을 정성스럽게 가꾸었다. 그것이 그 사람의 즐거움이었다. 그런데 큰 고민거리가 생겼다. 주말에 멋진 전원주택에 가도 더 이상 즐겁지가 않고 오히려 스트레스가 치솟는 것이었다.

그 이유는 옆집의 나뭇가지 하나가 울타리를 넘어 마당을 침범한 데 있었다. 이상하게도 그는 넘어온 나뭇가지를 볼 때마다 영 마음이 불편하고 화가 치밀었다. 그래서 그 나무를 베어 버리고 싶다고 부인에게 몇 번 말을 했지만 부인은 극구 만류를 하였다.

"아니 보기도 좋고 그런데 왜 그러느냐 그리고 저 가지를 자르면 옆집과의 관계는 어떻게 하느냐 말도 안 되는 소리도 하지 말아라" 등등. 그러나 그는 그 나뭇가지를 바라보기만 하면 전원주택에서의 행복은 전부 증발하고 분노와 치미는 화를 주체할 수가 없었다,

고민 끝에 그는 부인 몰래 사다리와 전기톱을 구입하고 눈에 거슬리는 그 나뭇가지를 베어 버리기로 작정하였다. 그리고 사다리를 설치하고 전기톱을 들고 올라간 순간 대형 사고가 났다. 추락한 것이다. 손에 전기톱까지 들고 있어서 착지도 제대로 못하고 허리 골절상을 당해 수년째 휠체어에서 벗어나지 못하고 있다. 그는 왜 순간적으로 이성을 잃고 그런 무모한 행동을 감행했을까? 바로 영역 본능을 침범당했기 때문이다.

전원주택에 애착을 갖고 울타리를 치고 열심히 주택을 가꾸는 사람은 영역 본능이 강한 사람이다. 그런데 울타리를 넘어온 옆집의 나뭇가지는 영역 침범을 한 것이며 내가 의식하지 못하는 번식 본능을 침범한 것이다. 인간은 석기 시대부터 나와 내 부족의 영역을 지켜야만 했다. 그래야만 번식의 권리를 보장받을 수 있었다. 그가 애착을 갖고 가꾸던 전원주택에는 이런 영역 본능이 작동되고 있었던 것이다. 영역을 완전히 지배하는 본능이 충족되면 행복을 느끼게 하는 호르몬 세로토닌 수치가 치솟는다. 그러나 옆의 나뭇가지가 울타리를 넘어오는 순간 이 행복은 깨지기 시작한다.

세로토닌은 물러나고 코티졸의 지배가 시작되는 것이다. 우리 뇌는 비상사태에 돌입하고 본능의 집결지 변연계가 뇌의 전권을 행사한다. 이성은 뒤로 숨고 본능이 앞장을 선다. 그는 본능이 이끄는 대로 부인 몰래 전기톱을 준비하고 사다리에 올랐던 것이다.

여기서 이성은 단지 본능의 하수인 역할을 할 뿐이다. 그리고 전두엽은 여러 가지 스토리텔링을 만들어 내며 자신의 행동을 합리화를 한다. 허리를 다친 그 사람은 자신의 자유의지와 이성으로 판단한 걸로 착각하지만 사실은 본능이 그를 지배한 것이다. 그리고 그는 휠체어에서 이렇게 후회를 한다.

"그때 내가 왜 그런 판단을 내렸지?"

다이어트 갈등

다이어트 갈등

가장 무서운 신

기독교보다도 불교보다도 이슬람보다도 세계인이 경배하는 신이 있다. 바로 다이어트 신이다. 다이어트 신이 강림하면 모든 걸 다 바치고 금식도 마다하지 않는다. 다이어트를 위해 전 세계인들이 매년 약 200조 원 이상의 비용을 지출한다는 통계도 있다. 아마도 각 종교에 바치는 헌금 규모를 상회할 것 같다. 체중만 줄어든다면 망설임 없이 지갑을 열어 다이어트 신에게 바친다. 그리고 다이어트 신이 명령하면 밥을 굶는 금식도 서슴없이 행한다. 다이어트식품, 원푸드 다이어트, 위 절제 수술 등 헌금 명목도 다양하다. 종교의 감사 헌금, 건축 헌금 정도는 애교에 불과하다. 헬스장은 다이어트 신이 강림하는 성전이다. 경건한 마음으로 아무리 힘들어도 고통을 참고 이겨내야 한다. 한 시간 이상을 뛰고 무거운 바벨을 들고 다이어트 신에게 경배를 바친다. 그러나 신은 그렇게 호락호락하게 감량의 은총을 베풀지 않는다. 자신에 대한 경배가 조금만 소홀해도 요요 증세라는 불경죄를 내린다. 그야말로 무시무시한 복수의 신이다.

"나 이외의 다른 신을 섬기지 말라. 과체중으로 너를 벌하리라" 하는 신의 목소리가 지구를 지배하고 있다. 인간은 끊임없이 다이어트 신과 갈등한다. 식사를 할 때마다 맛있는 음식을 앞에 두고 갈등한다.

먹어야 하나 말아야 하나 남겨야 하나 다 먹을 것인가? 그러나 신

이 있으면 그 반대편엔 사탄이 있다. 식욕과 식탐이라는 사탄이다. 이 사탄은 얼마나 집요한지 매 식사 때마다 우리에게 달라붙어 속삭인다. "이번에만 잘 먹고 내일 아침에 굶으면 되지, 오늘 너무 스트레스 받았는데 그래도 맛있는 술과 음식으로 기분을 풀어야지" 배가 고프거나 스트레스를 받으면 식욕의 사탄은 더욱 활개를 치고 우리를 식탐으로 인도하며 다이어트 신의 구원에서 멀어지게 한다.

식욕 본능

지배층을 제외한 대부분의 인간이 배불리 먹은 것은 100년이 채 되질 않았다. 수십만 년의 진화의 시간으로 보면 그야말로 눈 깜빡할 시간이다. 우리 조상의 대부분은 굶주림에 시달렸고 먹을 것을 위해 사냥하고 농사 짓고 전쟁을 하였다. 식욕 본능은 인간의 본능 중에 식욕본능이 성 본능과 함께 가장 원초적이며 강력한 본능이다.

허기를 느끼기 시작하면 슬슬 짜증이 나기 시작한다. 신경질도 늘고 예민해진다. 그러다가 몇 끼를 굶으면 화가 나기 시작한다. 그리고 전단지의 치킨 사진만 봐도 입에서 침을 질질 흘리며 전단지를 씹어 먹을 기세로 치킨을 노려본다. 그리고 다이어트해야 한다는 굳은 결심은 사라지고 이성도 증발하고 어느새 손가락은 배달 앱을 구동시키고 있다. 식욕 본능도 뇌 속의 식욕 중추가 관장한다. 변연계 안의 시상하부 깊은 곳에 자리하고 있는데 공교롭게도 성중추와 아주 가깝게 있으며 뉴런으로 긴밀히 연결되어 있다. 식욕과 성욕은 본능적으로 연결되어 있는 것이다. 그래서 연인이 되면 분위기 좋은 곳에서 식사를 그리 자주 하는지도 모르는 일이다. 허기진다는 것은 식욕중추를 자극하는 것이며 본능이 자극되는 것이다. 여기서 갈등이 시작된다.

인간의 이성을 담당하는 전두엽은 다이어트를 실행하기 위해서 굳건한 결심을 하였지만 같은 뇌 속의 변연계는 식욕과 식탐을 발동시키는 것이다. 이성과 본능의 갈등이다. 그런데 왜 다이어트를 하면 짜증이 나고 화가 잘 나며 때로는 공격적으로 변할까?

과거의 구석기 시대의 우리 조상들은 배가 고프면 사냥을 나서야 했다. 즉 허기를 느낀다는 것은 몸을 공격 상태로 만드는 것이다.

사자도 배가 부를 땐 사냥을 하지 않는다. 배가 고프기 시작하면 사냥에 나선다. 이때 뇌에서는 공격 호르몬 코티졸을 다량 분출한다. 코티졸은 뇌를 긴장시키고 우리 몸을 공격 준비 상태로 만들 뿐 아니라 전두엽을 마비시키기도 한다. 그래서 다이어트를 오래 하면 짜증이 늘고 공격적이 되며 심하면 인성까지 망가질 수 있는 것이다. 다이어트의 사탄은 우리 뇌 속에 숨어 있었던 것이다.

갈등 해소

다이어트 신과 식욕 사탄과의 갈등은 선과 악의 갈등이 아니다.

본능과 이 사회가 만들어낸 밈(Meme/사회적으로 퍼져 나가는 모방단위/리차드도킨스)과의 갈등이다. 이 갈등의 해소를 위해선 변연계 특히 식욕 중추의 이해가 필요하다. 우리 몸은 허기진 상태로 두면 식욕 중추로부터 끊임없이 갈등이 생긴다. 그래서 허기진 느낌을 주면 위험하다. 이성과 본능의 갈등이 시작되는 것이다. 그리고 식사를 하되 굶었다가 한꺼번에 많이 먹으면 안 된다.

섭취한 음식물 거의 전부가 지방으로 바뀌기 때문이다. 석기 시대에 우리 조상들은 주로 허기진 상태에서 음식이 들어오면 뇌가 비상상태로 전환되었다. 그리고 음식물을 아주 효율적으로 지방으로 바꾸어 배와 엉덩이와 허벅지에 저장했다. 다시 굶을 때를 대비해서 저축하는 것이다. 그래서 조금만 먹어도 살이 잘 찌는 사람은 석기 시대에 생존하고 유전자를 퍼트리는 데 우위에 섰을 것이다.

현대 사회에서도 불과 몇십 년 전만 하더라도 배가 나온 사람을 사장님 스타일로 동경하던 시절이 있었다. 지구촌에서 식량이 부족한 사회에서는 아직도 그런 현상을 보이고 있다. 이렇게 진화된 뇌의 특성 때문에 다이어트에 성공하기 위해서는 허기진 상태를 오래 유지하기보다는 매 끼니마다 조금씩이라도 먹어서 배고픔을 느끼지 않게 하는 것이 중요하다. 그리고 천천히 먹는 것도 매우 중요하다.

살이 잘 찌는 사람은 빨리 먹는 경향이 있다. 음식을 빨리 먹으면 우리 뇌에서 긴급 신호로 받아들인다. 석기 시대에 적과 대치 상황에 있는 것 같은 긴급 상황에서는 음식을 빨리 먹는 자가 생존할 수 있었다. 그래서 음식을 빨리 먹으면 우리의 본능은 비상사태로 인식을 하고 섭취하는 영양소를 지방으로 바꾸어 저장한다. 그래서 현미 계란 같은 완전식품을 꼭꼭 씹어서 천천히 삼키는 버릇을 들여야 한다. 그래야만 뇌 속의 사탄과의 갈등을 피할 수 있다.

출간후기

관계 속 일어나는 끊임없는 갈등, 어떻게 해결할까

| 권선복
도서출판 행복에너지 대표이사

세상 사람들이 사는 데 있어서 갈등은 피할 수 없는 요소입니다.

사람들은 저마다 다른 생각과 가치관을 가지고 있고 인생을 살아가면서 다양한 이해관계에 부딪히기 때문입니다.

때로는 정말 답답하기도 합니다. "대체 왜? 저 사람은 저런 생각을 가지고 있을까?"

벽을 보고 이야기하는 것 같다는 생각이 들 때도 있고, 날 곤란하게 하는 저 사람이 사라져버렸으면 좋겠다고 빌기도 합니다.

이러한 갈등 처리에 있어서 답답함을 안고 막연히 문제가 해결되기를 기다리거나 '그냥 내가 참지 뭐' 하면서 꾹꾹 속에만 담아두는 것은 현명한 해결 방법은 아닐 것입니다.

이 책, 『갈등』에서는 이런 상황에서 대체 갈등을 일으키는 원인은 무엇인지, 그 안에 숨겨진 과학적 원리를 효과적으로 풀어내고 있습니다.

'우리 뇌 속에서 무슨 일이 일어나고 있는지' 밝혀주는 것입니다.

막연하게만 잡히던 갈등의 원인을 보다 구체적으로, 뇌 속 호르몬과 사람의 습성, 사회가 미치는 영향력에 근거를 들어서 설명하니 복잡하게만 보였던 갈등 상황을 더 관조적으로, 객관적으로 조망할 수 있게 됩니다.

눈앞이 깨끗해지는 기분이고, 건드리기 싫었던 '갈등'이라는 문제를 보다 적극적으로 해결할 수 있을 것 같다는 생각이 듭니다.

뿐만 아니라, 다른 사람과 나 자신을 더 자세히 알 수 있었고, 동시에 이해가 수반되니 갈등이 생겼을 때 차분하게 나 자신에게 모든 화살을 돌리지 않고 어떻게 해결할지 주저하며 갈팡질팡할 일도 없을 것 같아 한결 마음이 가뿐합니다. 또한 본서는 사회적으로 가속화되는 갈등의 원인들도 분석하고 있습니다. 미디어와 인공지능, 메타버스 등 새롭게 등장하는 사회적 요소들이 어떻게 갈등을 일으키는지 이야기하며 우리는 무엇을 대비해야 할지 생각할 시간을 마련해줍니다. 또 기업과 같은 조직 내에서 일어나는 갈등과 잘못된 결정을 내리게 하는 원인도 분석하고 있기에 직장인 분들에게 도움이 될 것입니다. 갈등을 일으키는 원인들을 읽으면서 많이 알수록 실생활에 도움이 된다는 것을 다시 한번 깨우치게 되었습니다. 좋은 독서가 가지는 힘입니다.

저자 님의 말대로 사회가 복잡해지면서 갈등은 더 많이, 더 깊게 일어날 것입니다. 그것은 이 시대가 주는 혜택임과 동시에 함정입니다. 따라서 우리 인류가 함께 풀어나가야 할 과업이자 숙명인 셈입니다.

갈등이 동시다발로 일어나고 부딪힘이 심해진다 할지라도 본서와 같이 갈등의 실체를 분석하고 해결법을 알려주는 책이 있어 저희는 눈 먼 장님처럼 나아가지는 않을 것이기에 안심할 수 있게 됩니다.본서를 통해 독자 여러분들도 실생활에서 부딪히는 갈등을 잘 해결해 나가실 수 있길 바라고, 스스로 가지고 있는 내면의 갈등에 대한 이해도 깊어져 행복한 삶과 자존감 회복을 누리실 수 있기를 바랍니다.

여러분의 앞길에 행복한 에너지가 팡팡 터질 수 있기를 기원하겠습니다. 감사드립니다.

MEMO

MEMO

'행복에너지' 의 해피 대한민국 프로젝트!

〈모교 책 보내기 운동〉

대한민국의 뿌리, 대한민국의 미래 청소년·청년들에게 책을 보내주세요.

많은 학교의 도서관이 가난해지고 있습니다. 그만큼 많은 학생들의 마음 또한 가난해지고 있습니다. 학교 도서관에는 색이 바래고 찢어진 책들이 나뒹굽니다. 더럽고 먼지만 앉은 책을 과연 누가 읽고 싶어 할까요?

게임과 스마트폰에 중독된 초·중고생들. 입시의 문턱 앞에서 문제집에만 매달리는 고등학생들. 험난한 취업 준비에 책 읽을 시간조차 없는 대학생들. 아무런 꿈도 없이 정해진 길을 따라서만 가는 젊은이들이 과연 대한민국을 이끌 수 있을까요?

한 권의 책은 한 사람의 인생을 바꾸는 힘을 가지고 있습니다. 한 사람의 인생이 바뀌면 한 나라의 국운이 바뀝니다. 저희 행복에너지에서는 베스트셀러와 각종 기관에서 우수도서로 선정된 도서를 중심으로 〈모교 책 보내기 운동〉을 펼치고 있습니다. 대한민국의 미래, 젊은이들에게 좋은 책을 보내주십시오. 독자 여러분의 자랑스러운 모교에 보내진 한 권의 책은 더 크게 성장할 대한민국의 발판이 될 것입니다.

도서출판 행복에너지를 성원해주시는 독자 여러분의 많은 관심과 참여 부탁드리겠습니다.